Japanische Sumpf-Schwertlilie

Froschlöffel

Sumpf-Dotterblume

Laichkraut

Pfeilkraut

Hornkraut

0 cm

10 cm

Kapillarsperre

20 cm

40 cm

80 cm

120 cm

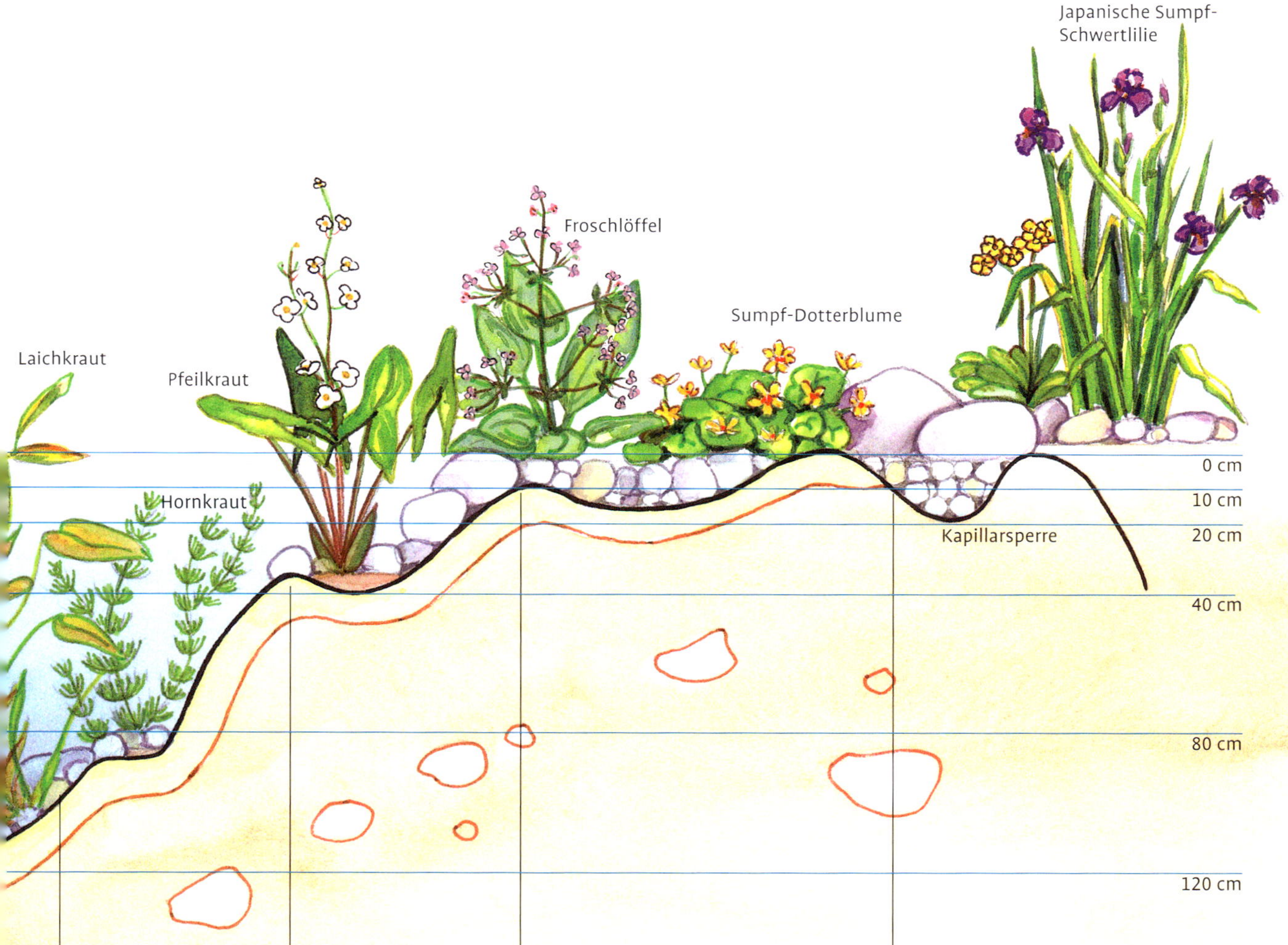

40–80 cm
mittlere Wasserzone
Unterwasser- und
Schwimmblattpflanzen,
z.B. Laichkraut, Horn-
kraut, Wasserstern,
Seekanne

10–40 cm
Flachwasserzone
Pflanzen für seichtes
Wasser,
z.B. Froschlöffel,
Rohrkolben, Kalmus,
Pfeilkraut

0–10 cm
Sumpfzone
Sumpfpflanzen,
z.B. Sumpf-Vergissmein-
nicht, Rosen-Primel,
Sumpf-Dotterblume,
Sumpf-Schwertlilie

0 cm
trockenes Ufer
Teichbegleitpflanzen,
z.B. Taglilie, Frauen-
mantel, Jap. Sumpf-
Schwertlilie

Dorothée Waechter

Der Gartenteich

Seite 8

Teiche planen und anlegen

Kaum ein Gartenelement ist so wandlungsfähig wie der Wassergarten. Welche Gestaltungsideen bevorzugen Sie? Lesen Sie, wie Sie mit Pflanzen und Fischen den Teich beleben.

Seite 32

Naturteiche

Das Prädikat „ökologisch wertvoll" erhält der naturnahe Gartenteich, in dem man die heimische Pflanzen- und Tierwelt in ihrem Zusammenspiel beobachten kann.

Seite 56

Zierteiche

Architektonisch angelegte Wasserbecken fügen sich perfekt in die formale Gestaltung des Gartens ein und bezaubern mit ihren dekorativen und ungewöhnlichen Pflanzen.

INHALT

Seite 86

Schwimmteiche

So wird der Gartenteich zu einem tollen Erlebnis! Im Schwimmteich kann man den ganzen Sommer zwischen Seerosen und Hechtkraut seine Runden schwimmen.

Seite 104

Bewegtes Wasser

Gluckernd und plätschernd, murmelnd und tropfend fließt Wasser durch Bachläufe, Rinnen, Brunnenrohre und Wasserspiele und bringt Lebendigkeit in den Garten.

Seite 132

Des Wassergarten pflegen

Der Wassergärtner bekommt wichige Hinweise, Anleitungen und Tipps für allgemeine Pflegearbeiten und spezielle Probleme, die im Wassergartenjahr auftreten können.

Ideen für Sie:

Gärtner-Praxis:

Gärtner-Praxis:

Ideen für Sie:

Zum Nachschlagen

Tippkasten-Kategorien:

🌸 Pflanzentipp

🥖 Gestaltungstipp

🔧 Praxisstipp

Teiche planen und anlegen

Kaum ein Gartenelement ist so begehrt und so wandlungsfähig wie Wasser. Wir zeigen Ihnen, welches die passende Lösung für Ihre persönlichen Ansprüche ist – vom Naturteich über den Zierteich bis hin zum Bachlauf und Schwimmteich. Hier erfahren Sie Grundlegendes für Ihren Gartenteich in Sachen Planung, Bepflanzung und Besiedlung mit den richtigen Fischen.

Das *beliebte* Gartenelement: Wasser

Wasser ist lebendig und wandlungsfähig

Zu den Teilen eines perfekt angelegten Gartens zählen Einfriedung, Beete, Wege, Gehölzbereiche, Rasenfläche und Sitzplätze. Perfekt wird die Gestaltung im Grunde aber erst mit einem Wassergarten. Und selbst wenn man nur einen Balkon oder eine Terrasse zum Gärtnern hat, wünscht man sich zumindest einen Miniteich als Stellvertreter für einen richtigen Wassergarten. Die Begeisterung für den Gartenteich beruht auf dem einzigartigen Element – dem Wasser. Die als H_2O bekannte chemische Verbindung erweist sich nicht nur hinsichtlich ihrer physikalischen Eigenschaften als etwas ganz Besonderes.

Für alle Sinne

Wasser spricht alle menschlichen Sinnesorgane an. Mit dem Auge nimmt man die schimmernde Oberfläche wahr, die im unbewegten Zustand faszinierende Spiegelbilder wiedergibt. Fällt der Blick durch klares Wasser, verwandeln sich die Bilder durch die Brechung. Kommt Bewegung ins Wasser, lösen sich die statischen Bilder fantasievoll auf. Sprudelnd aufgewirbelt, erscheint das Wasser schließlich undurchsichtig weiß. Zugleich spricht Wasser in Bewegung das Gehör an mit einer ganz eigenen Melodie in unendlich vielen Variationen, je nachdem, ob Wasser tropft, sprudelt oder fällt. Wasser fühlt sich weich und angenehm an. Bei sommerlichen Temperaturen erfrischt und kühlt die Berührung des Wassers. Geschmack und Geruch des Wassers sind – je nach Herkunft und mitgeführten Bestandteilen – einzigartig und vielfältig zugleich.

In der Nähe des Wassers herrscht immer ein angenehmes Klima durch das Zusammenspiel von Temperatur, Luftfeuchtigkeit und Verdunstung. So empfindet man einen Teich oder ein Wasserspiel besonders angenehm in der Nähe von Sitzplätzen. Zudem kann Wasser Gerüche intensivieren. Das hat jeder schon erlebt, der nach einem Regenguss den intensiven Apfelduft einer Hecht-Rose erschnuppert hat.

Wassergärten in der Geschichte der Gartenkunst

Springbrunnen, Wasserbecken und -treppen haben ihre Tradition in den historischen Gärten der verschiedensten Kulturen. In Persien waren bereits rund 1000 v. Chr. Wasserbecken ein Privileg der Palastgärten. Wasser war ein knappes Gut und wurde so zum Sinnbild für Luxus. Fließendes Wasser findet man auch in den Beschreibungen des Paradieses im Koran. Vier Flüsse des Lebens durchziehen diesen Garten und in der Mitte befindet sich eine Fontäne. Dieses Vorbild verbreitete sich mit der muslimischen Glaubenslehre, sodass man Wasser sowohl in den maurischen Gärten Südspaniens als auch in indischen Palastgärten wie dem Taj Mahal findet. Auch asiatische Gärten kommen nicht ohne Wasser aus, da Seen und Bäche ein Teil der Natur sind, die in den Gärten stilisiert und idealisiert nachgebildet werden.

Der Villengarten des römischen Reiches schmückt sich mit Wasserspielen und flachen Kanälen, wie beispielsweise die Gärten von Pompeji beziehungsweise die restaurierten Wandmalereien dort zeigen. In der Epoche der Ausdehnung des römischen Reiches verschwand die hohe Kunst der Gartengestaltung mit Wasser aus Europa. Erst im 15. Jahrhundert kehrt das kühle Nass wieder als Schmuckelement in die Gärten zurück. Ein wahrer Boom entsteht in der Renaissance: Wasser wird zum bedeutendsten Element der Gärten. In Italien folgen künstliche Bachläufe und Wassertreppen dem natürlichen Geländegefälle und durchziehen die Anlagen. In der Regel mündet der Wasserlauf in eine zentralen Fontäne, die durch den aufgestauten Wasserdruck infolge des Gefälles emporsprudelt. Beispielhaft sind die Anlagen der Villa d'Este in Rom und Villa Lante in Bagnaia. Im Barock setzt sich die hohe Kunst der Wassergarten-Kultur fort. Wasserkanäle und -becken den strengen Auflagen unterliegen der formalen Symmetrie. Erst im 18. Jahrhundert besinnt man sich auf die naturbelassene Schönheit von Seen und Bächen. Die Vorreiterrolle in Sachen Gestaltung übernimmt nun England.

Wassertreppe im Garten der Villa Lante in Italien

Sitzplatz am Teich

Der Wassergraben um die Terrasse

Die Vielfalt der Wassergärten

Im Einklang mit der Gesamtanlage entwerfen

Wenn man Überlegungen zur Anlage eines Wassergartens anstellt, fällt einem angesichts der vielen zur Verfügung stehenden Möglichkeiten die Auswahl schwer. Den einen begeistert die Möglichkeit, den Garten zu Fitnesszwecken mit Schwimmteich oder Kneippbecken ausstatten zu können. Der andere erfreut sich daran, in der Nähe eines Sitzplatzes mit Wasserspiel oder Bachlauf entspannen zu können. Die Faszination ist verständlich, aber zugleich darf bei einer solchen Entscheidung nie die Gesamtgestaltung außer Acht gelassen werden. Man sollte sich immer wieder die Frage stellen, ob die Gestaltungsidee zum Umfeld des eigenen Gartens passt. Ein Schwimmteich beispielsweise

benötigt eine Menge Platz. Ein formaler Wassergraben passt nur mit viel Fingerspitzengefühl in einen Naturgarten. Ebenso können ganz praktische Gründe wie Geländegefälle oder Exposition gegen eine bestimmte Variante sprechen. Frühzeitiges Hinterfragen einer Idee hilft, zu einem guten Kompromiss zu kommen. Schließlich gibt es unzählige Möglichkeiten, den Wassergarten zu gestalten und harmonisch in die Gartenanlage einzubetten.

Die Nähe zu Sitzplätzen bringt viele Vorteile

Gestalterisch sollte man den Gartenteich – wie auch immer er im Detail aussieht – mit einem Sitzplatz verknüpfen. Die Lösungen hierfür können so schlicht sein wie ein Holzsteg, der in das Wasser hineinragt, oder eine Gruppe

von größeren Findlingen, die am Ufer platziert werden. Aufwändiger sind befestigte Flächen, auf denen man Gartenmöbel gruppieren kann. So kann man die Lage eines solchen Sitzplatzes auskosten und sich auf den Tanz der Libellen konzentrieren, beim Spiegelbild der Wolken in der Wasseroberfläche ein wenig meditieren oder vielleicht auch einfach nur das angenehme Klima genießen.

Neben diesem eigenständigen Gartenelement, das man hervorragend mit dem Wassergarten kombinieren kann, muss man der Gestaltung der Übergänge vom Wasser zum Garten besonderes Augenmerk schenken. Sanfte, bepflanzte Übergänge betten den Wassergarten harmonisch ein. Bei wenig Platz kann es aber auch gut sein, eine klare Begrenzung zu bauen. So wird der Teich zu einem eigenständigen Element, das Ruhe ausstrahlt und die Blicke auf sich zieht. Der formale Charakter widerspricht aber einer natürlichen Ausstrahlung.

Die Schönheit eines stehenden Gewässers

Ein Teich, und sei er noch so klein, stellt einen in sich abgeschlossenen Gartenraum dar. Seine Form schafft einen Bezug zur Umgebung. Einerseits kennt man Wasseranlagen mit unregelmäßigen Formen aus zahlreichen Kurven. Vorbild für solche Teiche ist die Natur mit ihren Seen und Weihern. Im Gegensatz dazu geben gerade Uferkanten dem Gartenteich eine formale Note, ganz gleich, welche geometrische Fläche zugrunde liegt. Jede Gestaltung hat ihre eigene Formensprache und so kann in einem Garten, der mit der Kreisform spielt, der kreisrunde Teich das Mittel der Wahl sein.

Neben der Grundform, die sich in der Gartenfläche wiederfinden sollte, spielt für jeden Teich auch seine Tiefe eine wichtige Rolle. Bei gemauerten Anlagen mit einem festen Fundament kann man auch sehr flache Gestaltungen in Erwägung ziehen. In einem Mondscheingarten kann man beispielsweise ein nur wenige Zentimeter tiefes Becken anlegen, damit sich hier nachts das Mondlicht, am Tag der Himmel mit seinen Wolkenbildern und Sonnenstrahlen spiegelt. Knöcheltiefe Rinnen können gleichzeitig zum Wassertreten genutzt werden.

Bei bepflanzten Teichen sollte man eine ausreichende Tiefe wählen, denn durch die absterbenden Pflanzenreste, die ins

Sanfter Übergang vom Beet am Ufer in das Wasser

Wasser fallen, kommt es leicht zu einer Verschlammung, wenn man von einer zu geringen Tiefe ausgeht. Zudem vergrößert sich das Repertoire an Pflanzen, auf das man zurückgreifen kann. Die Tiefwasserzone beginnt bei einem Wasserstand von mindestens 50 cm.

Der Charme einer natürlichen Ausstrahlung

Ein naturnaher Teich ist eine weitere Gestaltungsmöglichkeit eines Wassergartens. Nach dem Vorbild der Natur wird ein Wassergarten angelegt und entsprechend der natürlichen Pflanzen-

zusammensetzung an heimischen Gewässern bepflanzt. Ein sanfter Übergang vom Wasser in den Gartenbereich bietet zahlreichen Pflanzen verschiedene Standorte. Gleichzeitig erschließen sich für die verschiedensten Lebewesen neue Nahrungsquellen und Brutplätze. Dieser Reich-

Über Stufen fließt das Wasser durch den Hanggarten

Der Wassergarten „vom Fass"

tum der Natur braucht Zeit, bis er ohne gärtnerische Unterstützung funktioniert. Zugleich erfordern die Eingriffe große Aufmerksamkeit und Wissen um die Zusammenhänge, wodurch der Teich zu einem intensiven Hobby werden kann. Zudem wird jeder neue Teichbewohner, der sich ansiedelt, willkommen geheißen. Und wenn schließlich die ersten Molche im Wasser paddeln, Libellen am Gewässer tanzen und ohne eigenes Zutun die Horste der Sumpf-Schwertlilien (*Iris pseudacorus*) immer üppiger werden, macht das den Wassergärtner stolz. Wer Kinder hat, wird mit dem Naturteich viel Freude haben, denn er bietet zahlreiche Beschäftigungsmöglichkeiten und Anschauungsmaterial, die Natur zu erforschen.

Natürlich ist es nicht einfach, ein System, das sich in der Natur über lange Zeiträume entwickelt hat, von heute auf morgen im Garten anzusiedeln. Daher muss man schon bei der Festlegung von Standort, Größe und Form Sorgfalt walten lassen (siehe Seite 18). Andererseits sollte man beim Naturteich versuchen, immer nur lenkend einzugreifen, denn jede Veränderung kann weitreichende Folgen haben.

Das sprudelnde Temperament der Bewegung

Durch den Druck von Pumpen kommt Schwung in das Nass und das Erscheinungsbild verändert sich. Es entsteht eine Geräuschkulisse, die in ihrem gleichförmigen Rauschen beruhigend wirkt. Es ergeben sich herrliche Bilder, wenn das Wasser lebendig durch den Garten mäandriert. Man sollte entlang des Wassers begleitende Gartenwege einplanen, damit man immer wieder an das Ufer herantreten und das Fließen des Wassers beobachten kann. Bei aller Schönheit braucht der künstlich angelegte Bachlauf eine ausgefeilte Technik, damit der Wasserkreislauf aufrecht erhalten wird. Außerdem muss das Gelände ein gewisses Gefälle haben. Wer keinen naturnahen Bach gestalten will, kann formale Wasserrinnen mit einzelnen Stufen oder Kaskaden anlegen. Mit ihrer strengen Form unterstreichen sie die Aufteilung des Gartens, markieren einzelne Achsen und lenken den Blick des Betrachters. Bewegtes Wasser muss aber nicht nur in der horizontalen Ebene verlaufen. Rauschend malen Fontänen ihre Wasserbilder in die Luft, sprudelnd quillt ein Strahl aus einem Mühlstein und plätschernd tritt das Wasser aus dem Speier, der an einer Wand befestigt ist oder als kunstvolles Rohr aus dem Boden reicht. Das Auge wird mit neuen Bildern verwöhnt, wenn sich sogar schwere Steinkugeln durch die Kraft des Wassers drehen. Aber auch das Gehör kommt durch die Melodie von Tropfen und den Gesang des Wasserstrahls auf seine Kosten. So wird das nasse Element in großer Vielfalt erfahrbar.

Mobile Lösungen auf kleiner Fläche

Wasserdichte Gefäße sind der Kompromiss für jeden Wassergartenliebhaber, der die Mühe des Erdaushubs scheut. MIniwassergärten in Gefäßen sind die ideale Lösung für denjenigen, der keinen Garten, dafür aber einen Balkon oder eine Terrasse hat. In Wannen und Fässern blühen Seerosen (*Nymphaea*), ihre kleine Schwester, die Seekanne (*Nymphoides peltalta*) und Sumpf-Schwertlilien (*Iris pseudacorus*), schwimmen Wassersalat (*Pistia stratiotes*) und Feenmoos (*Azolla caroliniana*) ebenso wie in einem klassischen Gartenteich. Häufig wird der Lebensraum auch von Libellen und anderen Insekten angenommen. Man kann sogar „Mini-Kaskaden" bauen, indem man das Wasser von einem in das nächste Gefäß plätschern lässt. Mit einer Pumpe und einem Rückführschlauch lässt man das Wasser zwischen den Gefäßen zirkulieren. So kommt man auch ohne Garten in den akustischen Genuss, den bewegtes Wasser bietet. Zugleich bringt man über die Wasserstufen Sauerstoff in das Wasser ein und verhindert gerade bei kleinen Gefäßen die Geruchsbildung durch abstehendes, stark erwärmtes Wasser. Mit Hilfe von Schwimmpflanzen kann man sogar in Schalen kurzzeitig einen kleinen, künstlichen Wassergarten schaffen. Kleine Wasserlinsen (*Lemna minor*) und filigraner Wasserfarn (*Salvinia natans*) schmücken Glasgefäße, die man – mit Accessoires wie Muscheln und Schnecken versehen – auch als raffinierte Tischdekoration verwenden kann.

Welcher **Wassergarten** passt zu Ihnen?

Jeder Garten-
besitzer hat
individuelle
Vorstellungen,
wie er Wasser
in die Gestal-
tung einbinden
will.

Wenn man seinen Garten neu- beziehungsweise umgestaltet, wird der Entwurf entscheidend vom individuellen Geschmack geprägt. Dieser beruht auf der Persönlichkeit und dem eigenen Freizeitverhalten. Wer gerne schwimmt, wird von der Idee eines Schwimmteiches spontan überzeugt sein. Wer dagegen beruflich viel unterwegs ist und vor allem am Wochenende den Garten genießen will, hat mehr Freude an einem kleinen Wandbrunnen neben der Terrasse. Diesen persönlichen Anforderungen sollte man einen hohen Stellenwert einräumen. So kann man Anregungen, die man bei Gartenbesuchen sowie beim Stöbern in Büchern und Zeitschriften gesammelt hat, auf den Prüfstand stellen: Entsprechen sie wirklich dem gewünschten Nutzen?

Von Naturliebhabern, Romantikern und Familienmenschen

Wer die Natur liebt, wird mit Sicherheit dem Naturteich den Vorzug geben. Hier kann man sich zum Beobachten zurückziehen und die Schönheit dieses Lebensraumes auskosten. Wenn nur wenig Platz im Garten vorhanden ist, wird man einen Miniteich anlegen oder sogar die mobile Variante in einem Fass bevorzugen, um sich ein Naturrefugium en miniature zu erschaffen. Der naturverliebte Romantiker entdeckt am naturnahen Teich selbst an kargen Wintertagen malerische Bilder bizarrer Gräserhalme, die im Frost erstarrt sind. Romantik findet ihren Ausdruck aber auch in einem historisierenden Wandspeier oder einer kleinen Fontäne. Dient der Garten als Tummelplatz für die ganze Familie, kommt auch ein Bachlauf in

Frage. Das Messen der Fließgeschwindigkeit, die ungewisse Reise von Stöcken und Blättern oder sogar der Bau eines kleinen Staudammes kann für die kleinen Hobbybastler zu einem spannenden Aufgabenfeld werden. Ebenso kann man bei einem großzügig bemessenen Garten im Schwimmteich eine gute Kombination in Form von Naturzonen im Bereich der Klärstrecke und dem eigentlichen Schwimmbecken zum Toben und Spielen finden.

Architektonischer Purismus und die Suche nach Entspannung

Schnörkellose Eleganz findet ihren Ausdruck in Zierteichen mit einem befestigen Uferrand. Wasserrinnen, die sich als markante Linien der formalen Gestaltung unterordnen, vermitteln Ruhe und Sachlichkeit. Zugleich unterstreichen derartige Elemente die Klarheit der Formensprache. Wer im Garten einen Ausgleich zur Hektik des Alltags sucht und sich ganz gezielt von allem Überflüssigen befreien will, ist mit einer solchen Lösung zufrieden. Ein Vorhang aus Wassertropfen baut sich als vertikale Struktur im Garten auf. Sucht man nach platzsparenden Lösungen, die einem das Abschalten erleichtern, so wird man vor allem in der asiatischen Gartenkunst fündig. Zengärten, die der Meditation dienen, bieten zahlreiche Ideen, etwa das „Shishi Odoshi", ein Wasserspiel aus pendelnden Bambusrohren, oder ein Wasserbecken mit einer Bambuskelle, wie sie in der japanischen Teezeremonie zur Reinigung verwendet wird. Eine weitere Alternative, um den Wassergarten meditativ zu erfahren, sind Trittsteine, die einen Weg über das Wasser bezeichnen. Sie sind nicht miteinander verbunden und verlangen so beim Gehen eine gewisse Konzentration, die einen von Alltagsproblemen ablenkt (siehe auch Seite 66 f.).

Für Jeden der passende Wassergarten

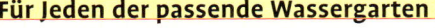

□ Naturliebende Familien werden das Abenteuer Naturteich ebenso schätzen wie einen Bachlauf im Garten. Letzterer lässt sich vor allem dort gut bauen, wo das Gelände ein leichtes Gefälle hat. Beide Formen des Wassergarten bieten sowohl beim Bau als auch bei der Pflege jede Menge Spaß, die Groß und Klein fasziniert. Das gemeinsame Erleben bringt die Familie zusammen.

□ Aktive Familien kommen mit einem Schwimmteich auf ihre Kosten, denn zum einen können die sportlichen Aktivitäten im heimischen Garten gepflegt werden und zum anderen wird die Aufmerksamkeit auf die natürlichen Zusammenhänge bei den Kindern geweckt, wenn man sich mit den klärenden Bereichen des Schwimmteichs auseinander setzt.

□ Aktive Singles haben meist nicht die Zeit einen Schwimmteich zu pflegen, aber wie wäre es mit einem Tauchbecken. Ein Wasserbecken wird so tief angelegt, dass man nach dem Joggen oder Mountainbiken ein erfrischendes Bad zwischen Seerosen und Sumpfschwertlilien nehmen kann. An heißen Tagen kann man die Beine auch mal vom Rand aus in dem kalten Wasser kühlen.

□ Aktive Senioren legen sich eine formale Wasserrinne an, die Sie regelmäßig zum Wassertreten nutzen können. Eine seitlich montierte Stange gibt jeder Zeit Halt. Zugleich kann man die Wasserrinne auch mit einem Wasserbecken verbinden, in dem eine Fontäne für eine Belebung der Gartenszenerie sorgt.

□ Pflanzenliebhaber achten bei der Anlage von Gartenteich und Bachlauf darauf, dass die Uferzonen ausreichend Platz für die Schönheiten der Sumpf- und Uferzone bieten. Verschiedene Lichtsituationen rund um den Teich ermöglichen eine abwechslungsreiche Gestaltung.

□ Kunstliebhaber werden das Wasser für die Inszenierung von bewegtem Wasser verwenden. Mit raffinierten Wasserspielen und Überläufen bekommt der Garten besondere Highlights, die Kunstobjekte ergänzen und unterstreichen.

CHECKLISTE

Die *Ideen* auf das Gelände übertragen

Mit der Ideensammlung und den Überlegungen, welche Anforderungen man an den eigenen Wassergarten stellt (siehe Seite 16/17), wird die erste Phase der Planung abgeschlossen. In der zweiten Phase wird der Standort analysiert und ein passender Platz für Bachlauf, Teich oder Sprudelstein gesucht. Hierbei sollte man sorgfältig vorgehen, denn zum einen müssen praktische Fragen wie der Anschluss an die Stromversorgung und die Zugänglichkeit gelöst werden. Zum anderen sollte sich der Wassergarten harmonisch in die Gesamtanlage einfügen.

Einen Plan auf dem Papier erstellen

Mit Hilfe der vorhandenen Gelände- beziehungsweise Gartenpläne erstellt man auf dem Papier eine Vorlage für den Gartenteich. Dabei vergrößert man den neu zu planenden Bereich. Es sollten die Teile des Gartens, die für die Gestaltung relevant sind, in dem Plan deutlich zu erkennen sein. Das kann beispielsweise ein großer Baum oder der Verlauf des Gartenweges sein. Auch die Maße oder zumindest der Maßstab des Planes ist wichtig für die Überlegungen. Bei einem Hanggarten dürfen die Höhenlinien nicht fehlen. Solange man noch ausprobiert, welche Form der Teich haben soll oder wie genau das Wasserspiel stehen soll, legt man über diesen Plan durchscheinendes Entwurfspapier. So muss man die Grundlagen nicht jedes Mal neu zeichnen. Als Alternative kann man sich auch Kopien machen und mit farbigen Stiften die Ideen übertragen. Die verschiedenen Versionen können nebeneinander gelegt und verglichen werden, bis man die Entscheidung für eine Gestaltung getroffen hat. Der endgültige Plan, der sicherlich während der Umsetzung noch kleinere Modifizierungen erhalten wird, sollte beim Bau immer griffbereit sein. Laminieren Sie sich eine Kopie ein, damit Ihre Mühe nicht durch einen Wasserstrahl oder einen Regenguss zunichte gemacht wird.

Wenn dieser Plan erstellt ist, werden die Massen des zu bewegenden Erdreichs berechnet und eine Liste mit den erforderlichen Baumaterialien erstellt. In dieser Phase geht es darum, sich endgültig für eine Bauweise zu entscheiden, das Zubehör auszusuchen und die voraussichtlichen Kosten zu kalkulieren. Das Abdichtungsmaterial, Pumpen und Filter müssen ebenso eingekauft werden wie Steine für Umrandung und Pflanzsockel, Beton für Fundamente und Holz für eine Brücke.

Mit dem Zeitplan den Überblick behalten

Wenn man den Wassergarten in Eigenregie anlegt, sollte man sich einen detaillierten Zeitplan machen. Freie Wochenenden und Urlaubstage werden für die Teichanlage reserviert. Legen Sie genau fest, wann welche Arbeiten ausgeführt werden sollen. Planen Sie ausreichend Zeit für den Einkauf ein, da sich hier noch die eine oder andere Frage auftut. Es ist besser, wenn man die Entscheidungen in Ruhe treffen kann und nicht unter Zeitdruck gerät. Kalkulieren Sie immer ausreichend Rüstzeiten und Pausen mit ein. Außerdem sollte man berücksichtigen, dass einem das Wetter auch mal einen Strich durch die Rechnung macht. Hier müssen Ausweich-

Ein guter Plan darf beim Bau nicht fehlen

termine eingeplant werden. Wenn der Terminplan mit den jeweiligen Arbeitsschritten steht, sollten Sie überlegen, welche Materialien und Arbeitshilfen notwendig sind. Anschließend müssen die Geräte, die man für den Bau ausleihen will, vorbestellt werden. Erkundigen Sie sich im Fachhandel frühzeitig, ob GfK-Becken, Tonziegel oder Teichfolien in ausreichenden Maßen und Mengen vorrätig sind. Für sperrige Becken oder schwere Materialien erkundigt man sich nach den Möglichkeiten der Anlieferung. Lassen Sie Sand oder Kies lieber zwei Tage früher anfahren und halten Sie Planen zum Abdecken bereit. So vermeidet man, dass der Sand bei Regen weggespült wird beziehungsweise zum Spielparadies der Kinder wird.

Professionelle Hilfe

Es gibt beim Bau des Wassergartens eine ganze Reihe von Situationen, bei denen man einen Fachmann in die Planung einbeziehen sollte. Hierzu gehört ganz klar die Anlage eines Schwimmteichs (siehe Seite 88 ff.). Aber auch größere Teiche sollte man sich nur zutrauen, wenn man selber versiert ist oder fachkundige Helfer hat. Nichts ist ärgerlicher als ein schiefer Teich, der ausläuft, oder eine unsauber ausgeführte Kapillarsperre, über die immer wieder Wasser aus dem Teich herausgezogen wird. Scheuen Sie nicht den Weg zu einem Fachbetrieb des Garten- und Landschaftsbaus und besprechen Sie dort die Maßnahmen und die Möglichkeiten, Teile der Arbeiten in Eigenleistung auszuführen. So können Sie sich beim Bau selbst verwirklichen und bekommen gleichzeitig die Unterstützung, die für eine perfekte Anlage unerlässlich ist. Schließlich hat der Fachmann mehr Erfahrung und den besseren Überblick, damit der Wassergarten optimal angelegt und zukünftig pflegeleicht ist.

Wer auf einem schwierigen Gelände oder an einem Hang einen Teich anlegen will, sollte sich keinesfalls selbst an die Arbeit machen. Meist bestimmten in einem solchen Fall die Gegebenheiten des Geländes maßgeblich die Planung und Gestaltung. Darüber hinaus muss die Sicherheit der Bauwerke gewährleistet sein. Wenn der selbst gebaute Teich den Hang ins Rutschen bringt und die Bebauung des Grundstücks oder der Nachbargrundstücke gefährdet, haben Sie mehr als Scherereien. Der Fachmann stellt im Voraus die richtigen Berechnungen an und wird sowohl hinsichtlich der Bauphase als auch im Hinblick auf die fertige Anlage die entsprechenden Sicherungsmaßnahmen vornehmen, um Ihre Vorstellungen auf das Gelände zu übertragen. Zugleich sollte man darauf achten, dass er die Verantwortung für die fachgerechte Anlage übernimmt. Fachbetriebe für den Garten- und Landschaftsbau finden Sie im Branchenbuch. Adressen nennt Ihnen auch der Verband für den Garten, Landschafts- und Sportplatzbau e.V. (Adresse siehe Seite 153).

Die **Organisation** der Arbeiten

Teilen Sie die zu bewältigende Arbeit in einzelne Arbeitsschritte auf, um das Ziel im Auge zu behalten.

Wer seinen Gartenteich selbst anlegt, sollte sich vorher die einzelnen Arbeitsschritte vor Augen führen, um alles gut organisieren zu können. So kann man sich für die schweren Arbeiten wie den Aushub und das Verlegen von Folie beziehungsweise das Einsetzen des fertigen Beckens rechtzeitig Helfer organisieren. Außerdem sieht man in der Vorbereitung, welche Arbeiten beispielsweise innerhalb einer gewissen Zeit durchgeführt sein sollten oder bereits an einem Tag fertig sind. Vor allem bei Arbeiten mit Beton und isolierenden Anstrichen muss man die Anforderungen der Materialien berücksichtigen. Mit einer guten Planung kann man den Bau kräfte- und zeitsparend durchführen, zügig abschließen und den Garten genießen.

Schritt für Schritt entsteht der Wassergarten

Wenn die Planung steht, der Teminplan festgelegt ist und die Materialien bestellt sind, kann es an die Arbeiten gehen. Zunächst muss man das Gelände exakt vermessen und mit Holzpflöcken die Form genau am Boden markieren. Die Kanthölzer werden fest in den Boden geschlagen, damit sie bis zum Einmessen der Grube als Referenz genommen werden können. Jetzt kann man die Planung nochmals kritisch überprüfen und kontrollieren, ob der Teich tatsächlich richtig platziert ist. Auch die verschiedenen Blickwinkel kann man überprüfen. Will man die Wirkung der Wasserfläche austesten, so legt man eine helle Folie aus. Sie zeigt recht authentisch die spätere Spiegelung und Wirkung des fertigen Wassergartens. Wenn die Fläche mit Rasen bewachsen ist, schält man die Grasnarbe mit einem Spaten ab. Die einzelnen

Die Bewegung und Lagerung des Aushubs

Wenn ein Wassergarten gebaut wird, muss der anstehende Boden tief ausgeschachtet werden. Mit Hilfe der Maße für die Breite, Länge und Tiefe lässt sich das zu erwartende Volumen des Aushubs errechnen. Es macht Sinn, diese Rechnung zumindest überschlägig aufzustellen, denn man muss dieses Erdreich irgendwo hinschaffen. Geringe Mengen werden beim Bau gebraucht, zum Beispiel wenn man ein Fertigbecken hinterfüllt oder das Ufer modelliert. Der meiste Teil bleibt aber übrig, sodass man sich hierfür eine Gestaltungsmöglichkeit überlegen muss. Man kann beispielsweise einen Wall oder eine modellierte Anhöhe für einen Sitzplatz anlegen. Ideal eignet sich der Aushub, um einem kleinen Bachlauf das notwendige Gefälle zu verleihen. Wenn diese beziehungsweise ähnliche Möglichkeiten nicht zu realisieren sind, muss man den Mutterboden verkaufen, verschenken oder

entsorgen. Dies sollte organisiert sein, bevor der Aushub neben dem Teich liegt. Schließlich müssen die Arbeitsabläufe und die Wege gut organisiert werden. Es macht keinen Sinn, auf das Geratewohl mit dem Ausgraben anzufangen. Es muss eine Lagerfläche für den Aushub definiert werden. Wenn man nur geringe Mengen kurzfristig lagern will, weil man einen Mini-Teich anlegt, besorgt man eine stabile Folie oder Plane, um die Erde darauf zu legen und sie später von dort aus im Garten zu verteilen. Bei einer größeren Menge muss man den Lagerplatz so wählen, dass die wichtigen Bereiche dauerhaft zugänglich bleiben und der Abtransport gegebenenfalls eine leichte Zugänglichkeit ermöglicht. Eine besondere Schwierigkeit stellt die Lagerung des Aushubs an einem Hang dar. Sie sollten vermeiden, dass die mühsam ausgeschaufelte Erde durch starke Regenfälle wieder in das

Loch gespült werden kann. Der Aushub wird von den meisten Gartenbesitzern unterschätzt. Bequemes Arbeiten ist das A und O, damit man das Graben möglichst körper- und kräfteschonend bewerkstelligen kann. Daher sollten Sie sich gute Schaufeln besorgen, die optimal in der Hand liegen. Schubkarren helfen beim Transportieren. Halten Sie Schalbretter bereit, um eine Rampe vom Teichgrund in den Garten zu bauen. Besorgen Sie sich Arbeitshandschuhe, wenn Sie die körperliche Arbeit nicht gewohnt sind, damit Sie keine Schwielen und Blasen an den Händen bekommen. Je größer der Wassergarten ist, desto eher sollte man den Einsatz eines Fachunternehmens für den Aushub überlegen. Wenn man von der Straße bequem auf das Grundstück gelangt, kann eine Fachkraft des Garten- und Landschaftsbaus mit einem Minibagger zügig die Arbeit erledigen.

Rasensoden sollte man in Stapeln aufschichten, da man sie zum Bau von Inseln oder zum Gestalten der Sumpfzonen am Ufer später gut verwenden kann. Anschließend beginnt man in der Mitte der Teichanlage mit dem Ausschachten. Die weiteren Arbeitsschritte sind von der jeweiligen Bauweise abhängig. Diese werden in den folgenden Kapiteln dieses Buches in Schritt-für-Schritt-Anleitungen detailliert gezeigt.

Welches Wasser füllt man in die neue Anlage?

Wenn der Bau der Anlage allmählich abgeschlossen ist, beginnt man mit dem Einfüllen von Wasser. Beim Bachlauf sollte man schon für einen Probelauf von Staustufen und Pumpe das System mit Wasser laufen lassen. Der Folienteich setzt sich nur langsam und wird in mehreren Etappen befüllt. Bei kleinen Anlagen wie einer Wasserrinne oder einem Fertigbecken heißt der krönende Abschluss „Wasser marsch". Hier stellt sich die Frage, welches Wasser man verwenden sollte. Leitungswasser hat meistens einen hohen Kalkgehalt und ist reich an Nährstoffen. Zahlreiche Vorteile bietet die Zuleitung von Regenwasser. Da man aber größere Mengen benötigt, reicht es in der Regel nicht aus, der Natur das Befüllen zu überlassen. Besser ist es, Regenwasser aufzufangen und schon ein paar Wochen vor der Fertigstellung Wasser zu sammeln. Hier bieten sich mehrere Regentonnen mit größerem Fassungsvermögen oder sogar eine Zisterne an. Wenn man Regenwasser vom Dach in den Teich einleitet, muss man beachten, dass dieses Wasser meist mit Staub und Schwermetallen belastet ist, die sich auf den Dachpfannen ablagern. Es macht Sinn, das Wasser durch einen Filter in das Becken laufen zu lassen, um mit einer möglichst guten Wasserqualität den Wassergarten zum Leben zu erwecken.

Zum Bau und für die spätere Pflege ist es wichtig, von allen Seiten gut an den Teich heranzukommen

Sicherheitsmaßnahmen stehen an erster Stelle

Schmückendes und zugleich schützendes Gitter

Ein Gartenteich stellt immer eine Gefahr für Kinder dar: Zum einen können kleine Kinder nicht schwimmen, zum anderen fehlt den Kindern der Reflex, den Kopf aus dem Wasser zu heben. Daher liest man mitunter von tragischen Unfällen. Solche traurigen Ereignisse sollten Sie ernst nehmen. Selbst wenn man sich noch so viel Mühe gibt, immer aufzupassen, können doch Kinder in Ihrer Abwesenheit in den Garten klettern und am Teich spielen. Man muss also Lösungen finden, die Unfällen wirkungsvoll vorbeugen und verhindern, dass jemand zu Schaden kommt.

Ein Zaun um den Teich

Die einfachste Lösung ist ein Zaun, den man um den Gartenteich zieht. Dabei sollte man keine provisorische Leichtbauweise bevorzugen, sondern einen stabilen Zaun bauen. Schließlich werden Kinder vom Wasser angelockt und sie versuchen vielleicht, über den Zaun zu klettern. Das wirkt verlockend, sofern er gut zu bewältigen scheint, wie es bei Holzpflöcken mit Kaninchendraht der Fall ist. Kräftige, hohe Eisenzäune wirken abschreckend. Verwendet man historische Zaunelemente vom Trödelmarkt, bekommt die Gestaltung eine dekorative Note. Das Tor sollte mit einem Schloss gesichert sein. Geschickt kann man Gefahren im eingewachsenen Uferbereich verhindern, indem man zwischen die Pflanzen, jedoch nicht durch das Abdichtungsmaterial hinduch eine Absperrung setzt, die verhindert, dass spielende Kinder über das Dickicht ins Wasser gelangen.

Ein Gitter auf der Wasseroberfläche

Der Zaun um den Gartenteich verhindert jedoch nicht, dass Rabauken, die heimlich darüber geklettert sind, kopfüber ins Wasser fallen. Außerdem ist er nur selten eine ansprechende Lösung. Sicherer ist ein Schutzgitter oder -netz, das man dicht über oder unter der Wasseroberfläche anbringt. An die Netze, die von Spezialfirmen vertrieben werden, müssen folgende Anforderungen gestellt werden: Sie müssen der Belastung standhalten und die Maschen sollten nicht weiter als 5 cm sein. Die Netze spannt man von den Seiten des Ufers über das Wasser. Befestigt werden sie mit Heringen im Boden. Dabei sollte man sie gut verankern und abdecken, damit die spielenden Kinder sie beim Spielen nicht wieder aus der Erde ziehen. Feste Metallgitter werden auf Pfosten aufgelegt. Dabei reicht es bei kleinen Teichen aus, dass die Auflager aus Pfosten nur im Randbereich liegen. Bei größeren Anlagen muss man auch innerhalb der Wasserfläche Auflager einsetzen, damit sich das Gitter bei Belastung nicht durchbiegt und bricht. Natürlich müssen die Gitter witterungsbeständig sein und dürfen bei ständigem Kontakt mit dem Wasser nicht rosten.

Technische Alternativen

Bewegungsmelder für den Teich werden ausgelöst, wenn etwas Schweres ins Wasser fällt. Auf den ersten Blick scheint die Technik eine gute Lösung. Das Problem besteht aber darin, dass der Alarm auch gehört werden muss. Außerdem darf die Technik im entscheidenden Moment nicht versagen.

Mäusen, Igeln & Co. den Ausstieg erleichtern

Auch tierische Gartenbewohner fallen manchmal in den Teich. Über eine seichte Uferzone können sie sich selber retten. In formalen Wasserbecken mit steilem Ufer sollte man eine kleine Holzrampe zum Aussteigen einplanen.

Was Sie über Sicherheit in Wassernähe wissen sollten

Als Besitzer eines Gartenteiches sind Sie dafür zuständig, dass niemand zu Schaden kommt. Dabei spielt es keine Rolle, ob sich die geschädigten Personen wissentlich oder unbefugt in Ihrem Garten aufgehalten haben. Es führt also kein Weg an einer guten Sicherung vorbei. Vor dem Bau des Teiches sollten Sie sich in der Nachbarschaft umhören, ob es viele Kinder gibt. Auch wenn es Sie juristisch nicht aus der Verantwortung nimmt, sollten Sie immer das Gespräch mit den Eltern suchen und sie über die Neuanlage des Gartenteiches informieren.

Bei der Anlage sollte man den Standort so wählen, dass man das Treiben gut im Blick hat und der Teich von allen Seiten gut einzusehen ist. Auch mit den eigenen Kindern sollte man das Gespräch suchen und sie auf die Gefahren hinweisen. Verbote machen jedoch immer wieder neugierig und bringen meist nicht den gewünsch-

ten Erfolg. Spielen Sie daher gemeinsam mit den Kindern am Teich und achten Sie darauf, dass bei der Anlage seichte Uferzonen vorhanden sind, über die man langsam in das Wasser gelangt. Wenn die kleinen Entdecker erstmal nasse und kalte Füsse haben, ist die Faszination schon einmal deutlich gemindert. Es ist auch sinnvoll, einen Rettungsring in der Nähe des Teiches aufzustellen. Ein solches Hilfsmittel kann ja durchaus als dekoratives Element in die Gestaltung eingebracht werden.

Natürlich sollte man Gefahrenquellen von vornherein ausschließen. Dazu gehört es beispielsweise, den Weg nahe des Gartenteichs zu beleuchten, damit man sich in der Dunkelheit gut zurecht findet. Eine ganze Reihe von Gefahren verbergen sich auch in den ufernahen Bereichen. Ist das Erdreich schlecht befestigt und feucht, rutscht es unter Belastung leicht ab. Glitschige Steinplatten oder Holzboh-

len am Ufer eines Teiches sind gefährlich. Regelmäßiges Schrubben verhindert, dass sich Moose und Algen ansiedeln. Auf rutschigem Holz kann man Kaninchendraht befestigen, der die Trittsicherheit deutlich verbessert. Im Bereich von Brücken und Stegen, die aus Holz gebaut sind, macht diese Sicherung mit Drahtgeflecht ebenfalls Sinn. Man kann hier überlegen, Leitern anzubringen. Über diese kann man das Wasser bei einem unfreiwilligen Bad schnell wieder verlassen. Die Montage von Griffstangen und Geländern sollte ebenfalls in Erwägung gezogen werden. Trotz zahlreicher vorbeugender Maßnahmen sollten Sie grundsätzlich ein Schutzgitter oder -netz spannen, weil es die einzige Möglichkeit ist, das Unglück zu verhindern. Ausnahme stellen die zum Einstieg konzipierten Schwimmteiche dar. Denken Sie immer daran, Revisions- und Pumpenschächte sicher zu verschließen.

Das *Ufer* bepflanzen

Das Ufer verbindet den Wassergarten mit der Gesamtanlage des Gartens.

Während Schwimm-, Schwimmblatt- und Unterwasserpflanzen erst einige Zeit nach der Anlage des Gartenteiches eingesetzt werden sollten, kann man die Uferbereiche schon im Anschluss an die Fertigstellung bepflanzen. Dies hat den Vorteil, dass der Gartenteich gleich zu einer Einheit mit der Umgebung verschmilzt. Außerdem wird das Erdreich am Ufer befestigt, sodass es bei starken Regenfällen nicht in den Teich hineingespült wird. Auch beim Bachlauf sollten die Randpflanzen möglichst bald gesetzt werden, weil sie verhindern, dass das fließende Wasser Erde und Steine wegspült.

Vom Frühling bis in den Herbst ist Pflanzzeit

Die Pflanzzeit für die Sumpf- und Uferpflanzen beginnt im Frühling. Meist kann man schon Ende März mit den Pflanzarbeiten beginnen, da die blühenden Schönheiten mit dem Frühjahrsaustrieb gut einwurzeln. Da man die meisten Ufergewächse im Container kaufen kann, muss man keine speziellen Pflanzzeiten einhalten. Bis in den Herbst können die Stauden gesetzt werden. Allerdings sollte man im Hochsommer Hitzeperioden meiden, weil in diesen Zeiten die Verdunstung hoch ist und zu dem Stress der Umstellung stark schwankende Wasserstände hinzukommen. In sommerlichen Schlechtwetterphasen wachsen die Pflanzen besser an. Im Herbst endet die Pflanzzeit Mitte Oktober. Wenn die Pflanzen zu spät gesetzt werden, wurzeln sie nicht mehr ein und sind anfällig für Frost und Fäulnis.

So vermeiden Sie Gestaltungsfehler

Eine stimmige Uferbepflanzung beruht immer auf einem Pflanzplan. So kann man in aller Ruhe Blütenfarben, Wuchsformen und den Ausbreitungsdrang aufeinander abstimmen. Bei dieser Planung ist es wichtig, dass man weiß, ob das Ufer feucht ist oder der Boden hinter der Kapillarsperre liegt und trocken ist. Die Übereinstimmung von Standort und Ansprüchen garantiert ein optimales Gedeihen. Nehmen Sie Ihren zuvor erstellten Pflanzplan beim Einkauf mit. Zum einen kann man den Fachmann nochmals um Rat fragen, zum anderen ist es leichter, Arten oder Sorten zu ersetzen, die bereits ausverkauft sind oder die nicht im Sortiment geführt werden. Anhand des Pflanzplanes werden die eingekauften Stauden auf dem Beet am Teichrand ausgelegt. Dadurch kann man die Verteilung ebenso wie die richtigen Pflanzabstände leicht regulieren, damit die Pflanzen nicht zu dicht stehen und auch keine großen Lücken entstehen. Vor dem eigentlichen Pflanzen sollten Sie den Aufbau der Pflanzung anhand des Pflanzplans nochmals genau überprüfen.

Die Arbeitsschritte der Pflanzung

Alle neu gekauften Pflanzen sollten in einer Wanne vor dem Setzen gut gewässert werden. Vorzugsweise geschieht das vor dem Auslegen der Einzelpflanzen. Vor allem bei den Pflanzen für das trockene Ufer ist dieser Arbeitsgang wichtig. Die ausgelegten Pflanzen werden vor dem Einpflanzen ausgetopft. Dabei sollte man die

Wurzeln, die aus den Abzugslöchern herausgewachsen sind, nicht beschädigen. Dazu schneidet man den Plastikcontainer gegebenenfalls mit einer Schere seitlich auf. Nun gräbt man mit der Handschaufel ein Loch für die Pflanze, ohne das Dichrungsmaterial zu beschädigen. Im Frühling und Frühsommer kann man auf den Grund des Pflanzlochs etwas Langzeitdünger geben, damit den Pflanzen der Start leichter fällt und sie sich rasch entwickeln. Die Pflanze hält man in das Loch, wobei man darauf achten sollte, dass die Wurzeln gerade herunter hängen und nicht umgebogen werden. Sehr lange Wurzeln werden mit der Schere eingekürzt. Der Aushub wird seitlich angeschaufelt und anschließend drückt man den Wurzelballen mit beiden Händen an. Am trockenen Ufer werden die Pflanzarbeiten durch kräftiges Wässern abgeschlossen.

Guter Halt für die neuen Pflanzen am feuchten Ufer

Im feuchten Ufer verhindert auch das Andrücken des Wurzelballens nicht, dass er sich lockert. Solange die Wurzeln nicht eingewachsen sind und die Pflanze festhalten, muss man den Ballen fixieren. Hierbei helfen große Kieselsteine, die man zum Beschweren seitlich auf die Erde legt. Besonders wichtig ist das bei einem Bachlauf, dessen Wasserkraft auf die Pflanzen einwirkt. Hier sollten die Sicherungen vor allem in Fließrichtung angebracht werden, damit der Ballen nicht gelockert und später sogar weggespült wird. In Biegungen des Bachbettes kann man überlegen, mit Hilfe von größeren Steinen das Wasser rund um die neu gepflanzten Stauden zu beruhigen, damit sich rasch Wurzeln bilden. Wenn die Pflanzen eingewachsen sind, kann man die Steine wieder entfernen oder verlagern.

Pflanztaschen für steile Uferpartien

Wenn das Ufer sehr steil gestaltet ist, fällt die Bepflanzung vor allem dann schwer, wenn man typische Pflanzen für Sumpf- und Feuchtzonen verwenden will. Eine solche Situation tritt nicht nur bei formalen Becken, sondern auch beim Bau mit fertigen GfK-Becken auf. Es gibt jedoch eine gute Lösung für diesen Fall. Wenn der Neigungswinkel 45° nicht überschreitet, kann man mit Hilfe von Krallgewebe das Ufer befestigen. Diese Matten werden aus Kokosfasern oder Nylonmatten gefertigt. Man legt sie einfach über die Böschungen und befestigt sie mit Steinen auf dem Teichgrund. Das obere Ende wird mit Haken im Erdreich hinter der Kapillarsperre sicher befestigt. Zusätzlich kann man ein paar Steine auflegen. Die Uferpflanzen werden in das Gewebe eingesetzt. Wenn die Uferkante deutlich steiler ist, nimmt man Pflanztaschen (siehe Bild rechts) zur Hilfe. Diese befestigt man mit stabilen Haken im Erdreich hinter der Kapillarsperre. In den Jutesack setzt man die Pflanzen mit Substrat ein. Da die Taschen recht grobmaschig sind, kann man sie zusätzlich mit Vlies oder Zeitung auslegen, um zu verhindern, dass das Substrat herausgespült wird, bevor die Pflanzenwurzeln es von alleine halten. Die Alternative besteht in grobem Lavamaterial, das man unten in die Pflanztasche einfüllt und das von den Pflanzen allmählich durchwurzelt wird. Das obere Ende der Pflanztasche wird zunächst mit Bindedraht geschlossen, damit die Pflanzen nicht weggeschwemmt werden. Besonders gut eignen sich die Pflanztaschen für Sumpf-Schwertlilien (*Iris pseudacorus*), den Kleinen Rohrkolben (*Typha laxmannii*) und die Knäuel-Binse (*Juncus conglomeratus*), die sich in der nassen Uferzone wohlfühlen und innerhalb von kurzer Zeit zu kräftigen grünen Horsten heranwachsen.

Wasserpflanzen fachgerecht setzen

Mit Hilfe von Pflanzkörben Wasserpflanzen ins Wasser setzen

Die Pflanzung von Seerosen und anderen im tiefen Wasser beheimateten Pflanzen ist am einfachsten, wenn man einen Pflanzkorb zu Hilfe nimmt. Diese Gittertöpfe aus schwarzem Kunststoff sind etwa 10 cm hoch. Einige Seerosen entwickeln sich rasch und kräftig, daher benötigen sie ausreichend große Körbe. Man sollte sich im Fachhandel beraten lassen, welche Größe für die Pflanzen optimal ist. Als Substrat wird eine Spezialerde für Wasserpflanzen verwendet, wie sie im Teichfachhandel angeboten wird. Wichtig ist, dass sie wenig Nährstoffe enthält. Auch organische Anteile, die noch nicht vollständig zersetzt sind, dürfen nicht enthalten sein. Man kann alternativ auch den Teichaushub der unteren Schichten verwenden. Vor allem lehmige Erden sind hier empfehlenswert, weil sie nährstoffarm sind und so bindig, dass sie nicht so leicht ausschwemmen. Sehr bindige Lehmerden werden zum Pflanzen im Verhältnis 1 : 2 mit grobem Sand vermischt, ebenso wie man sandigen Erden entsprechend etwas Lehm zufügt, um das Substrat im Korb zu halten.

Pflanztuch oder Zeitung verhindern, dass Substrat durch das Gitter fällt

Bevor man die Erde und die Pflanze in den Gitterkorb einbringt, sollte man ihn mit einem Vliestuch oder mehreren Lagen Zeitung auslegen. So verhindert man, dass das Substrat seitlich durch die Löcher fällt. Die Pflanze wird so in die Erde eingesetzt, dass sie genauso tief wie zuvor im Kulturgefäß steht. Wichtig ist, dass lange Wurzeln etwas eingekürzt werden, damit sie nicht umknicken. Spülen Sie die Pflanzen vor dem Setzen einmal gut ab, damit Sie sich keine Wasserlinsen (*Lemna minor*) oder anhaftenden Laich von Fischen oder Fröschen als unerwünschte Gäste in den Teich holen. Die Rhizome der Seerosen legt man schräg in die Erde, damit das „Herz" herausschaut, und deckt sie mit Substrat ab. Das überstehende Pflanztuch wird nun über der eingeschlämmten Erde zusammengeschlagen. So bekommen Pflanze und Substrat eine bessere Stabilität im Pflanzkorb. Bis zum Rand sollte jetzt noch etwas Platz im Gefäß sein.

Eine dünne Kiesschicht beschwert und deckt das Pflanztuch ab

Als Deckschicht wird feiner Kies in den Pflanzkorb gegeben. Mit seinem Gewicht verhindert er, dass die Erde beim Einsetzen aufschwimmt. Zugleich wird das Tuch kaschiert. Man kann die Kiesschicht mit den Händen andrücken. Nun sollte man die Etiketten vom Topf in den Korb stecken oder daran befestigen, damit man die Pflanzen später beim Einsetzen nicht verwechselt und auch später bei der Pflege die Art beziehungsweise Sorte richtig behandelt.

Alternativ zu den Plastikpflanzkörben gibt es Kokosfasertaschen. Diese sind dicht gewebt, sodass keine Erde ins Wasser fallen kann. Beim Kauf muss man aber darauf achten, dass diese Taschen einen guten Stand haben. Bei einer zu geringen Standfläche werden sie schnell instabil. Man kann hier Abhilfe schaffen, indem man sie zwischen größeren Steinen auf dem Teichgrund verkeilt. Außerdem haben diese sehr langsam verrottenden Gewebetaschen den Nachteil, dass man sie nur von Hand vernünftig einsetzen kann.

Mit einer Stange und Bändern wird der Korb ins Wasser gestellt

An den vier Ecken des Pflanzkorbes werden zwei etwa 60 bis 80 cm lange Bänder oder Drähte über Kreuz befestigt. Mit Hilfe dieser Aufhängung und einem kräftigen Besenstiel kann man nun den Korb in den Teich einsetzen. Zuvor sollte man ihn aber in eine Wasserwanne stellen, damit sich das Substrat voll Wasser saugen kann. Das macht den Korb zwar schwerer, aber man verhindert, dass das Substrat beim Einsetzen aufschwimmt. Wenn Sie empfindliche Pflanzen oder besondere Seerosen setzen und Sie ihnen die Eingewöhnung in die Tiefwasserzone erleichtern wollen, bauen Sie für die Körbe zunächst ein Steinpodest im Wasser auf. Indem Sie das Podest langsam abtragen, können Sie die Pflanzen peu à peu an die Wassertiefe gewöhnen; nach etwa vier Wochen stehen die Körbe dann auf ihrer endgültigen Tiefe. Am einfachsten geht dies, wenn man den Weg ins Wasser nicht scheut. Bei kalter Witterung greift man dabei zur Wathose.

Jetzt kommen *Fische* in den Teich

Fische brauchen Rückzugsräume, um sich an die neue Umgebung zu gewöhnen.

Die Faszination der Fische erfordert vom Teichliebhaber etwas Geduld. Man sollte in keinem Fall schon im Jahr der Anlage mit der Ansiedlung der Fische beginnen. Besser ist es, erst im zweiten oder dritten Jahr die Fische einzusetzen. Das hat verschiedene Vorteile: Zunächst einmal hat sich die Situation im Teich eingependelt und die zusätzliche Nährstoffzufuhr im Wasser durch den Kot der Fische kann besser gepuffert werden. Darüber hinaus sind die Wasserpflanzen bereits eingewachsen, sodass die Fische Schutz und Schatten finden. Nur wenn das Wasser tatsächlich anhaltend klar ist und sich keine Blasen bilden, kann man Fische bedenkenlos einsetzen. Filter und Pumpe sollten unbedingt in Betrieb sein, damit das Wasser gereinigt wird und mit Sauerstoff angereichert ist. Eventuell kann man vor dem Eintreffen der Neuankömmlinge ein Wasseraufbereitungsmittel in den Teich geben. So können prophylaktisch Schadstoffe wie Schwermetalle gebunden werden.

Beim Kauf der Fische beachten

Zum Kauf der Fische sollten Sie ein Fachgeschäft aufsuchen. Auch wenn Sie wissen, welche Fischart Sie haben wollen, sollten Sie sich vom Experten beraten lassen. Schließlich bereiten nur gesunde Fische Freude. Sie sollten den Fachmann auch fragen, wie die Fische vergesellschaftet werden. Dazu müssen die natürlichen Verhaltensweisen der einzelnen Arten ebenso geklärt werden wie das Verhalten von verschiedenen Gattungen. Handelt es sich um Raub- oder Friedfische? Leben die Fische in Gruppen? Welche Wasserregion wird von ihnen besiedelt? Wie stark vermehren sich die Fische? Wie viele Tiere der jeweiligen Art verträgt Ihr Wassergarten? All diese Fragen sollten besprochen werden. Es ist hilfreich, wenn Sie Bilder von Ihrem Gartenteich mitnehmen, damit sich der Experte ein Bild von der Situation machen

Langsames Einsetzen der neuen Teichbewohner

Eisfreihalter für die Wintermonate

kann. Wenn Sie sich nicht gut beraten fühlen, sollten Sie lieber den Laden vor dem Kauf verlassen. Beim Auswählen der Fische müssen Sie darauf achten, dass die Fische gesund und frei von Parasiten sind. Die Augen müssen klar sein, die Schleimhaut intakt und die Atmung muss ruhig und gleichmäßig gehen. Wenn Sie etwas am Äußeren des Fisches stutzig macht, dann sprechen Sie dies an.

Für den Transport werden die Fische in Wasserbeutel gefüllt. Es ist wichtig, dass die Fische nur kurz in diesem Transportbehälter verweilen. Sie sollten direkt nach dem Einkauf wieder nach Hause fahren. Steht eine längere Fahrt an, so sollten Sie mit dem Verkäufer darüber sprechen, damit er vorsorglich einen ausreichend großen Beutel nimmt. Vermeiden Sie ein starkes Aufheizen des Beutels.

Die Fische werden eingesetzt und gefüttert

Zuhause angekommen, legt man die Beutel geschlossen auf das Teichwasser. So gleicht sich die Wassertemperatur allmählich an und die Fische werden auf die neue Umgebung eingestimmt. Sonnige Plätze sollte man meiden und bei großen Teichen sollte man Vorsorge treffen, dass die Beutel nicht abtreiben. Nach einer halben Stunde kann man den Beutel öffnen. Langsam lässt man Wasser einströmen, bis die Fische in die Tiefe abtauchen können. Meist suchen sich die Neuankömmlinge zunächst einen sicheren Platz in der Tiefe oder sie verstecken sich unter den Blättern von Schwimmpflanzen. Man sollte aber immer einmal wieder nach den Fischen suchen. Auffälliges Verhalten oder Luftschnappen deuten darauf hin, dass etwas nicht stimmt. Verschmutzungen oder ein geringer Sauerstoffgehalt können die Ursache sein. Wassertests geben Aufschluss über die Probleme. Mit einem Oxidator kann man rasch für Abhilfe sorgen und Sauerstoff einbringen. Vermutet man Krankheiten als Ursache für Trübungen der Haut oder nicht heilende Verletzungen, so sollte man einen Tierarzt oder den Experten im Zoohandel um Rat fragen.

Nahrung finden die Fische zum einen im Teich selbst. Die gekauften Tiere sind aber noch an die Fütterung gewöhnt und bei Neuanlagen kann das Nahrungsangebot noch zu knapp sein. Zusatzfütterungen sind erforderlich. Allerdings sollte man maßvoll Fischfutter verteilen. Es reichen mehrere kleine Gaben. Wenn die Fische Futter auf den Boden sinken lassen, haben Sie zuviel Futter in den Teich geworfen. Der Verbrauch ist von der Außentemperatur abhängig. Wenn das Wasser bis auf 10 °C und weniger absinkt, wird der Stoffwechsel der Fische gedrosselt; die Fütterung sollte man nun einstellen. Besondere Aufmerksamkeit verlangt die Ernährung von Koikarpfen, da sie Spezialfutter benötigen.

Vorsorge für kalte Wintertage treffen

Im Winter ziehen sich die Fische in die tiefen Teichregionen zurück. Problematisch wird die kalte Jahreszeit nur dann für die Tiere, wenn der Teich zufriert, weil so der Gasaustausch eingeschränkt ist und die Belüftung behindert wird. Ein Grasknäuel oder ein Eisfreihalter aus Styropor sind simple Lösungen, um das Zufrieren zu verhindern. Ein Teichheizer wird elektrisch betrieben und hält mit einem Heizstab immer eine Öffnung frei.

„Goldstücke" für den Gartenteich

Der farbenprächtige Goldfisch liebt es sonnig

Der Goldfisch (*Carassius auratus*) zählt zu den Klassikern unter den Fischen. Die friedlichen Schwarmfische haben ihren Ursprung in Asien, wo sie schon vor über 1000 Jahren gezüchtet wurden. Mit einer Länge von bis zu 30 cm sollte man den Goldfisch möglichst in einen großen Teich setzen. Die Jungtiere sind zunächst grauschwarz, bevor sie sich goldorange umfärben. Im Hinblick auf die Ernährung ist der Goldfisch nicht besonders wählerisch. Bei der Nahrungssuche wühlt er gerne den Teichgrund auf, wodurch sich das Wasser eintrüben kann. Der Goldfisch lebt in kleinen Schwärmen.

Ein Fall für große Teiche: die Rotfeder

Die Rotfedern (*Scardinius erythrophthalmus*) erkennt man an ihren kräftigen roten Flossen, die sich von der silberfarbenen Haut abheben. Die Fische werden zwischen 10 und 40 cm lang. Sie zählen zu den heimischen Karpfenfischen und halten sich meist in der Nähe der Wasseroberfläche auf. Meist ziehen sie in kleinen Schwärmen durch den Teich. Aufgrund dieser Eigenschaften sollte diese Fischart nur in geringen Stückzahlen in große Teiche eingesetzt werden. Der Platzbedarf für einen Fisch beträgt bis zu 600 l. Die Rotfedern zählen zu den Allesfressern: Sowohl Algen gehören auf ihren Speiseplan als auch das feine Grün von Wasserpflanzen und Mückenlarven.

Gut zu beobachten: Goldorfen

Goldorfen (*Leuciscus idus*) zählen ebenso wie Goldfische zu den Karpfenfischen, sind aber heimisch. Sie sind die orangerote Spielart des Aland. Sie halten sich gerne knapp unterhalb der Wasseroberfläche auf und sind deshalb gut zu beobachten. Sie können allerdings 30 bis 50 cm und größer werden. Ausgewachsene Orfen vergreifen sich auch an kleineren Fischen, deshalb sollten Sie Alter und Zusammensetzung der Fischarten entsprechend darauf abstimmen oder Verluste einkalkulieren. Dieser Schwarmfisch sollte in größeren Stückzahlen gehalten werden. Für sie sind sauerstoffreiche, größere Teich richtig.

Die Zierde bunter **Fische**

Die farbigen und bisweilen schillernden Schuppen der Fische beleben das Bild des Gartenteiches. Wenn man sie mit Futter heranlockt, kommen sie sogar ans Ufer geschwommen, und man kann sie dann gut beobachten. Was zunächst verlockend klingt, lässt den Fachmann nicht selten die Stirn runzeln. Die Wasserqualität wird durch die stetige Anreicherung mit Fischkot beeinträchtigt. Eine der Folgen, die rasch sichtbar werden, ist das zunehmende Algenwachstum. Zudem vermehren sich die schwimmenden Schönheiten und der Platz im kleinen Teich kann knapp werden. Wer mit dem Gedanken spielt, Fische in den Wassergarten zu setzen, sollte keine spontane Kaufentscheidung treffen, sondern sich zunächst über die passenden Arten für den Teich informieren. Dabei sollte man das Augenmerk vor allem auf Kleinfische richten, um das Maß nicht aus den Augen zu verlieren.

Die richtige Auswahl der Fische für den Teich

Will man in den Gartenteich Fische setzen, braucht er eine bestimmte Größe und Tiefe. Teiche sollten eine ausreichende Oberfläche haben. Kleine, nur wenige Quadratmeter große Teiche sind für die Fische nicht ideal. Hinsichtlich der Mindesttiefe gilt ein Wert zwischen 80 und 100 cm. Dieses Maß ist eine Garantie dafür, dass der Teich nicht vollständig zufriert, sodass die Fische sich im Winter auf den Teichgrund zurückziehen können. Dieser sollte für die Winterruhe eine geringe Schlammschicht zum Eingraben aller Wasserlebewesen besitzen. Grundsätzlich sollte man nicht zu viele Fische in den Teich setzen. Ein kleiner Fisch wie der Stichling mit einer Länge von bis zu 10 cm benötigt 50–60 l Wasser. Einem größeren Fisch wie einer Goldorfe, die etwa 30 cm lang ist, sollten dagegen rund 600 l Wasser zur Verfügung stehen. Verschiedene Tiefenzonen mit ausreichender und abwechslungsreicher Bepflanzung helfen den Fischen, sich in ihrem Lebensbereich wohlzufühlen und Nahrung sowie Unterschlupf zu finden. Kleine Gesellschaften aus verschiedenen, aber miteinander harmonierenden Arten sind ebenfalls möglich. Fische, die in unterschiedlichen Wasserregionen leben, kommen sich bestimmt nicht in die Quere. Die Fische sollten erst eingesetzt werden, wenn die Pflanzen eingewachsen sind.

Die Könige im Gartenteich: Koikarpfen

Naturteiche

Die Landschaft ist das Vorbild für den naturnahen Wassergarten. Hier finden sich zahlreiche heimische Pflanzen und Tiere wieder. Die Uferbereiche sind dicht bewachsen und rahmen die Anlage ein. Für Abwechslung sorgen auf der einen Seite Teichbewohner, auf der anderen Seite Gestaltungen wie zum Beispiel eine kleine Insel mitten im Wasser. A und O für das Funktionieren ist das ökologische Gleichgewicht.

Nach dem **Vorbild** *der Natur*

Dichtes Grün am Ufer

Wer einen Naturteich anlegen will, sollte sich zuvor einmal mit den „Urformen" beschäftigen. Pfütze, Tümpel und Weiher findet man, wenn man durch die Landschaft streift. Durch das Beobachten der Randbereiche und die Art des Bewuchses lernt man die typischen Eigenschaften dieser geschlossenen Wasserflächen kennen und kann ein Gefühl dafür entwickeln, an welchen Stellen man im Garten einen Naturteich anlegen kann und wie man ihn gestaltet. Schließlich ist auch der Naturteich ein künstlich angelegtes Gewässer, bei dem man versucht, die Natur perfekt nachzuahmen und so der heimischen Flora und Fauna einen Lebensraum zu geben.

Die Charakteristika eines Naturteiches

Wenn der Naturteich streng nach dem Vorbild eines Weihers angelegt wird, so darf er sich lediglich aus Regen- und Grundwasser speisen. Hier wird man bald auf Grenzen stoßen. Schließlich reicht der Grundwasserstand nur selten aus und die meisten Naturteiche haben eine feste Abdichtung, die den natürlichen Wasserstandsausgleich verbietet. Oft ist zu wenig Regenwasser vorhanden – es sei denn, man kann das Regenwasser größerer versiegelter Flächen oder von Dächern nutzen. Aber auch diese Lösung birgt Probleme, da das gesammelte Regenwasser meist durch die Luftverschmutzungen und Staubpartikel verunreinigt ist und deshalb vorgefiltert werden sollte.

Die Grundform eines Naturteiches zeichnet sich durch eine schwingende Linienführung aus, die keinerlei Regelmäßigkeiten folgen sollte. Buchten und kleinere Halbinseln bieten verschiedene Möglichkeiten der individuellen Gestaltung. Diese Ideen müssen natürlich auch umgesetzt werden können. Mit Fertigbecken aus glasfaserverstärktem Kunststoff (GfK) bekommen die „Naturteiche" leider ein Formenschema, das kaum Spielraum für fantasievolle, natürlich wirkende Abwechslung lässt. Dies sollte man berücksichtigen, wenn man sich Gedanken über die Baumaterialien macht.

Das Umfeld des naturnahen Wassergartens, also der eigentliche Garten, sollte dem naturnahen Gestaltungsprinzip unterliegen. In einen Wildgarten oder einen Landhausgarten lässt sich der Naturteich harmonisch einbetten. Im formalen Garten sind die Kontraste dagegen sehr stark und der künstliche Weiher wirkt wie ein Fremdkörper. Es spielt auch eine Rolle, an welcher Stelle der Teich platziert wird. Um die Tierwelt des Gewässers möglichst wenig zu stören, sollte man einen stillen Platz wählen. Versteckt hinter einem Beet mit freiwachsenden Sträuchern, eingebettet in eine sanfte Senke, fügt sich der Naturteich perfekt in die Gesamtanlage ein.

Die optimale Größe eines Naturteiches beginnt bei gut 30 m^2. Wenn die Fläche zu klein ist, können sich keine stabilen Verhältnisse einstellen, die für das Biotop notwendig sind. Die Tiefe des Teiches sollte bei mindestens 80 cm liegen und 2 m nicht überschreiten. Hilfreich ist es, wenn man die Mitte des Teiches bis an die maximale Tiefe aushebt. So entsteht in der Teichmitte quasi ein „Becken im Becken". Es übernimmt die Funktion als Sammelbehälter für Schlamm und Pflanzenreste. Wenn zuviel davon anfällt, wird der Teich immer sumpfiger und er verliert an Tiefe. Durch das tiefer gelegte Zentrum wird dieses zuerst verschlammen und es lässt sich leicht mit einer Profipumpe leersaugen. Hat man eine solche Vorsorge bei der Anlage nicht getroffen, muss der gesamte Teich geleert werden, damit man die Schlammschicht abschaufeln kann. Dieses bedeutet gleichzeitig, dass das eingespielte System zwischen Mikroorganismen, Pflanzen und Tieren durcheinander gebracht wird und sich erst nach einiger Zeit wieder von dem Eingriff erholt.

Ökologisches Gleichgewicht und biologischer Kreislauf

Das A und O eines Naturteiches besteht darin, ein stabiles ökologisches Gleichgewicht herbeizuführen. Durch den biologischen Kreislauf werden Stoffe wie Sauerstoff und Kohlendioxid in dem Maße produziert, wie sie auch verbraucht werden. Ebenso werden die Nährstoffe immer wieder „recycelt". Zunächst gehen sie in den Nährstoffkreislauf ein und werden verwertet: Die organische Masse wird beim Absterben in ihre elementaren Bestandteile zerlegt, die schließlich dem Nährstoffkreislauf wieder zur Verfügung stehen. Was auf den ersten Blick recht einfach klingt, ist jedoch gegen störende Einflüsse empfindlich. Ein Nährstoffüberschuss fördert das Algen- und Pflanzenwachstum übermäßig. Steigen die Temperaturen,

Der Gehölzsaum und das Himmelsblau spiegeln sich malerisch im naturnahen Teich

sinkt der Sauerstoffgehalt des Wassers, was zu einem Anstieg der Zersetzungsprodukte führt. Auch Schwankungen in der Lichtausbeute können das Gleichgewicht negativ beeinflussen. Wichtig ist es, einen Standort zu finden, der möglichst ausgeglichene Bedingungen bietet und neben sonnigen Bereichen auch schattige Zonen aufweist. Sie wirken im Verlauf der Jahreszeiten dem Anstieg der Temperaturen entgegen und verhindern, dass die Wasserqualität durch eintretenden Sauerstoffmangel stark beeinträchtigt wird.

Ein ökologisches Gleichgewicht stellt sich erst allmählich ein.

Das Umfeld des Naturteiches

Häufig wird das Ufer mit Hilfe von Steinen und Findlingen gestaltet. So entstehen Nischen und Brutplätze. Wenn es um die Wahl der Materialien geht, sollten Sie sich Natursteine aussuchen, wie sie auch in der näheren Umgebung vorkommen. Zum einen ist dies im Hinblick auf den Transport günstiger und auch ökologischer, zum anderen passen sich diese Materialien besser in die Gartensituation ein. Wichtig ist, dass die Steine farblich nicht zu grell wirken beziehungsweise nicht schnell verwittern. Ein Ufer aus weißen Flusskieseln wirkt steril und ergibt kein harmonisches Bild. Holzwurzeln bieten im Schatten eine gute Alternative zu Steinen.

Ein Steg oder Holzdeck, das man in den Teich baut, um das Leben der Tiere beobachten zu können, sollte schlicht und aus möglichst unbehandeltem Holz gebaut werden. Zu diesem Zweck sollten Sie von Natur aus haltbare Hölzer wie Eiche, Lärche oder Robinie verwenden. Trotzdem merkt man im Laufe der Zeit, dass diese Holzbauwerke nicht für die Ewigkeit gemacht sind. So kann man aber über die Jahre hinweg unterschiedliche Standorte ausprobieren (siehe auch Seite 102 f.).

Natürlichkeit sollte auch das Grundprinzip für die Uferbepflanzung sein. Durch die Bauart sind zwar nicht alle Uferbereiche mit feuchtem Erdreich gesegnet, sondern eher wie beetartige Freiflächen mit normalem Gartenboden anzusehen. Durch die Pflanzenauswahl kann man hier das natürliche Erscheinungsbild unterstreichen. Pflanzen mit einer hohen Toleranz hinsichtlich der Bodenfeuchte sind beispielsweise Frauenmantel (*Alchemilla mollis*) und Nelkenwurz (*Geum*). Man muss sich entscheiden, ob und inwieweit man sich in der Nachbarschaft des Naturteiches ausschließlich auf heimische Pflanzen beschränkt. Eine Taglilie (*Hemerocallis*) passt zwar gestalterisch gut an den Teichrand, ist aber nur mit wenigen Arten bei uns eingebürgert. Ihren Ursprung hat diese Staude auf dem asiatischen Kontinent. So gibt es viele Gewächse, die ein naturhaftes Äußeres haben, aber nicht bei uns heimisch und somit streng genommen nicht „natürlich" sind. Die Antwort auf diese Frage sollte jeder Naturteichbesitzer selbst finden.

Vom Sitzplatz aus hat man den Teich im Blick

Die Uferbepflanzung bildet einen lockeren Übergang vom Wasser in den Garten

Die Umsetzung der Ideen

Für die Realisierung braucht man Zeit, vor allem wenn man die Arbeiten eigenständig ausführen will. Es steht auf einem anderen Blatt, ob dieser Ehrgeiz richtig ist. Schließlich hat der Garten- und Landschaftsbaubetrieb die Erfahrungen und die Geräte, um den Teich anzulegen. Gerade wenn es darum geht, die Abdichtung fachgerecht einzubauen, vermeidet man viele Fehler, wenn man fachliche Hilfe in Anspruch nimmt. Die Modellierung der Ränder und Ufer kann man dagegen ohne Probleme selbst in Angriff nehmen, sofern man sich intensiv mit dem Standort auseinander gesetzt hat. Besondere Aufmerksamkeit verlangt der Naturteich in den ersten Wochen, wenn sich die Wasserqualität allmählich stabilisieren soll. Es ist von Vorteil, mit dem Einsetzen von Fischen zu warten. Meist ist es besser, sich darüber erst im zweiten Jahr Gedanken zu machen (siehe 28 f.).

Vor- und Nachteile der verschiedenen Teichtypen

	Vorteil	Nachteil
Naturteich	- Bereicherung der Vielfalt des Gartens - harmonischer Übergang zum Garten - geringer Pflegeaufwand	- hoher Platzbedarf - kostspielige Anlage - Pflege erfordert Sachkenntnis
Zierteich	- Blickfang in der Gartengestaltung - hübsche Ergänzung zu Sitzplätzen - variabel in der Größe	- das Gleichgewicht stellt sich langsam ein - regelmäßige Pflege erforderlich - Pumpe oder Oxidator erforderlich
Formales Wasserbecken	- kleine Wasserfläche - Verbesserung des Klimas - überschaubarer Pflegeaufwand	- aufwändig im Bau - geringe Pflanzenvielfalt möglich - Wasserqualität muss oft überprüft werden
Schwimmteich	- hoher Freizeitwert - Verknüpfung mit Naturteich möglich - Vergnügen für die ganze Familie	- hoher Platzbedarf - kostspielige Anlage nur mit Fachfirma - hoher Pflegeaufwand

Schritt für Schritt einen Tonteich bauen

Auf den Unterbau werden die Teichbauelemente aus erdfeuchtem Ton verlegt

Tonziegel werden in Ziegeleien oder Tongruben gewonnen. Sie bestehen aus sehr fettem Ton (Lette), der frei von Einschlüssen wie Steinen ist. Während früher tatsächlich Ziegelrohlinge verwendet wurden, werden die Tonziegel heute eigens für den Teichbau hergestellt. Sie zeichnen sich dadurch aus, dass die Ränder miteinander verzahnt werden. Sie werden erdfeucht geliefert. So sind sie geschmeidig und verbinden sich. Die Teichmulde wird vor dem Einbau ausgehoben und die oberste Schicht gut verdichtet, sodass sie nicht mehr nachgeben kann. Anschließend wird Vlies in der Mulde ausgelegt.

Die besondere Form der Ziegelränder sorgt für eine lückenlose Verzahnung

Die Tonziegel sind an den Rändern mit einem „Nut-und-Feder"-System ausgestattet. So können die Ziegel beim Verlegen ineinander greifen. Das Verlegen ist nicht nur kraftaufwändig, sondern erfordert auch ein sehr sorgfältiges Arbeiten. Eine saubere Verlegetechnik ist die Garantie für einen dichten Teich. Es dürfen keine von oben nach unten durchgehenden Fugen auftreten. Für Anschlüsse und Rohrleitungen muss man eine zusätzliche Lage unter der eigentlichen Tonschicht ausbringen und sie gründlich feststampfen, damit an diesen Übergangsstellen die Dichtung hundertprozentig gewährleistet ist.

Mit dem Vibrationsstampfer wird jede Lage lückenlos festgestampft

Erst durch das Verdichten der Tonziegel wird die Tonschicht endgültig dicht. Hierzu wird ein Vibrationsstampfer oder eine Rüttelplatte verwendet. Trotz des Maschineneinsatzes bleibt diese Arbeit sehr aufwändig, denn wichtig ist eine gleichmäßige Bearbeitung der gesamten Fläche. Ein Handstampfer führt nicht zum gewünschten Erfolg. Auf den Ton wird nochmals Vlies ausgebreitet und darauf eine 15 bis 30 cm hohe Kiesschicht geschüttet. Eine Kapillarsperre an den Rändern verhindert das Entweichen von Wasser und somit Schrumpfrisse des Tons.

Dem Tonteich zum Vorbild: natürliche Weiher

Der fertige Tonteich fügt sich malerisch in den Naturgarten ein, denn die Teichmulde sollte unbedingt flach abfallende Seitenränder haben (maximal in einem Winkel von 18°), damit die Tonschicht zuverlässig abdichtet. Die Tonteiche sollten nach dem Verdichten mit Vlies und Kies abgedeckt werden, damit einerseits die oberste Tonschicht nicht abgetragen wird, andererseis nicht austrocknen kann und so im Laufe der Jahre Undichtigkeiten auftreten. Für die ökologische Bilanz zählt nicht nur das umweltfreundliche Material, sondern auch die ortsnahe Herkunft – vermeiden Sie lange Transportwege.

Eine praktische Alternative: die Bentonitmatte

Tondichtungsbahnen zählen zu den Alternativen des klassischen Tonteichs. Die Bahnen bestehen aus einem doppellagigen Vlies, in dessen Innerem Tonmineralien eingebettet sind. Dabei handelt es sich um Natriumbentonit, das um das Fünf- bis Zehnfache seines Volumens aufquillt, wenn es mit Wasser in Berührung kommt. Dadurch dichtet dieses Material sehr zuverlässig ab. Es wird auf Rollen angeboten. Man verlegt die Bentonitmatte bahnenweise. Dabei sollten sich die Ränder 15 bis 30 cm überlappen, damit die Dichtigkeit sichergestellt werden kann. Die Bahnen werden ebenfalls mit pulverförmigem Bentonit verbunden. Es quillt, sobald es in Kontakt mit Wasser kommt, und verschließt die Bahnen gründlich. Je nach Hersteller kann die Art der Verbindung variieren. Entscheidend ist die Dichtigkeit, sonst wird sich das Wasser durch die kleinste Lücke rasch einen Weg suchen und aus dem Teich ins Erdreich sickern. Bentonit gibt es auch als Pulver. Nach dem Aushub, aber noch vor dem Auslegen des Teiches mit der Bentonitmatte sollte man das Pulver in die oberste Erdschicht der Teichmulde mit der Harke einarbeiten, um zusätzlich abzudichten. Nach dem Auslegen und Verbinden der Matten wird das Bentonit mit einer Walze verdichtet. Die Bentonitmatte wird anschließend mit einer etwa 30 cm hohen Schicht Mutterboden abgedeckt. Das sollte beim Aushub berücksichtigt werden, damit das Loch großzügiger gegraben wird, als der fertige Teich groß ist.

Die **heimische** Flora

Die wunderbare Pflanzenwelt rund um und im Weiher zeigt die natürliche Vielfalt.

Die Pflanzenwelt der Weiher und Tümpel zeichnet sich durch eine große Vielfalt aus. Die Entwicklung des pflanzlichen Lebens steht in einer engen Beziehung zum Wasser. Für die Besiedelung des Naturteiches sollte man heimischen Pflanzen den Vorzug geben, die auf diesen Seiten vorgestellt werden. Für die Anordnung der Pflanzen muss man die verschiedenen Tiefenzonen im Teich beachten. Zugleich sollte man darauf achten, dass der Lebensraum nicht zu einer botanischen Sammlung wird, sondern von dem Ausbreitungsdrang einzelner horstartig wachsender beziehungsweise rhizombildender Pflanzen bestimmt wird. So entstehen Bilder einer Wasseroberfläche, die von den Blättern der Teichmummel oder der Weißen Seerose geprägt werden, oder von dem am Ufersaum ausgestreckten Band der pinkfarbenen Kerzen des Blutweiderichs.

Die Klassiker der natürlichen Teichbiotope

Die heimische Flora am Gartenteich kennt einige sehr markante Pflanzen, die charakteristisch für diesen Standort sind. Die Sumpf-Dotterblume (*Caltha palustris*) und die Sumpf-Schwertlilie (*Iris pseudacorus*) lernt man als Bewuchs von Weihern kennen. Ihre gelben Blüten leuchten kräftig. Die Sumpf-Dotterblume bleibt niedrig und breitet sich kissenförmig aus, während die Sumpf-Schwertlilie (siehe auch Seite 44) zu kräftigen Horsten heranwächst. Der Rohrkolben (*Typha*-Arten) wächst vom Ufer aus in die flache Wasserzone hinein. Seine braunen Fruchtstände sind sehr markant, wobei auch sein Ausbreitungsdrang nicht zu unterschätzen ist. Unter den Pflanzen,

Pflanzen, die an heimischen Teichen gedeihen

1

Dreiteiliger Zweizahn
(*Bidens tripartita*)

Dieses kleine Korbblütengewächs zählt zu den einjährigen Gewächsen. Die gelben Blüten der reich verzweigten Uferpflanzen stehen am Ende der Stängel. Sie haben einen Durchmesser von einem guten Zentimeter und erinnern an winzige Sonnenblumen. Wie für die Familie der Körbblütler typisch setzen sich die Einzelblüten aus den gelben Zungenblüten und den braungelben Röhrenblüten zusammen. Die unterem Blätter sind gegenständig, die oberen dagegen wechselständig. Die Blütezeit konzentriert sich auf die zweite Sommerhälfte. Die Pflanzen werden zwischen 20 und 80 cm hoch.
Bemerkung Der Dreiteilige Zweizahn bevorzugt schlammige Böden mit einem hohen Stickstoffgehalt. Auf Kalkböden und in Sandgebieten kommt die Pflanze nicht vor.

die auf den offenen Wasserflächen der tieferen, kühlen Wasserzonen anzutreffen sind, kennt man die Wasserlinse (*Lemna minor*), die sich rasch zu einem grünen Rasen auf dem Wasser ausbreitet. Das Gemeine Hornblatt (*Ceratophyllum demersum*), eine Unterwasserpflanze, bildet quirlförmige Blätter. Für das Gewässer ist diese Pflanze ein guter Sauerstofflieferant. Etwas seltener, aber recht markant ist die Gelbe Teichrose, auch Mummel (*Nuphar lutea*) genannt.

Wussten Sie, dass

man Pflanzen nicht in der Natur ausgraben sollte? Sammeln Sie einige Samenkörner und ziehen Sie die Pflanzen an. Man kann auch Stecklinge schneiden, um Pflanzen für den eigenen Naturteich zu gewinnen. Keinesfalls sollte man das Gefüge am Naturstandort durch die Entnahme von Pflanzen stören.

Sie wächst kräftig und braucht einen entsprechend großzügigen Teich, um ihre Schönheit entfalten zu können. Ihre schwimmenden Blätter ähneln denen der Seerosen, die Blüten sind jedoch sehr viel kleiner und kugelig (siehe Porträt Seite 42). Die Seekanne (*Nymphoides peltata*) ähnelt im Hinblick auf das Blattwerk ebenfalls den Seerosen, sie ist jedoch wesentlich kleiner und die goldgelben Blüten haben einen sternförmigen Aufbau. In der mitteleuropäischen Flora ist auch die Seerose (*Nymphaea*) vertreten, allerdings ist die Weiße Seerose (*Nymphaea alba*) am Naturstandort selten geworden. Für die Pflanzung im Garten muss der Naturteich groß sein, damit sich die Pracht entsprechend entfalten kann. Den Gemeinen Fröschlöffel (*Alisma plantago-aquatica*) erkennt man an seinen löffelartigen Blättern, die aus dem Wasser ragen. Dieses im flachen Wasser angesiedelte Gewächs bildet in den

---

2 Sumpf-Dotterblume
(*Caltha palustris*)

Leuchtend gelbe Blüten sind das Markenzeichen dieser weit verbreiteten Staude, die auf feuchten Wiesen ebenso wie an Ufern von Tümpeln und Bächen vorkommt. Der Wuchs der Pflanze ist buschig. Die Blüten, die zwischen März und Juni geöffnet werden, stehen über dem frischgrünen Laub. Die Blätter sind herzförmig bis rund und glänzend grün. Die Schalenblüten werden zwischen 3 und 5 cm groß.
An sonnigen bis halbschattigen Plätzen werden die Pflanzen zwischen 15 und 50 cm hoch.
Bemerkung Die Sumpf-Dotterblume hat sich nicht nur als Wildstaude einen Namen gemacht, sondern auch als Liebhaberpflanze mit verschiedenen Sorten, die gefüllt blühen oder einen auffällig anderen Gelbton in der Blütenfarbe haben.

3 Teich-Schachtelhalm
(*Equisetum fluviatile*)

Die oberirdischen Sprosse des Teich-Schachtelhalms sind einjährig, aber mit Hilfe der Rhizome, die orange oder rot gefärbt sind, überdauert der Teich-Schachtelhalm den Winter im Erdreich. Die Stängel werden 20 bis 150 cm hoch und sind bis zu 1 cm dick. Die typischen Rippen am Stiel sind weiß gefärbt. Meist verzweigen die Stängel nicht oder sie haben unregelmäßige Quirle in der Mitte. Der Teich-Schachtelhalm ist ein typischer Vertreter für Sümpfe, Flachmoore und Feuchtwiesen. Er kommt nicht nur an stehenden, sondern auch an langsam fließenden Gewässern vor, wobei hier die Böden kalkarm sind.
Bemerkung Der Teich-Schachtelhalm, der in ganz Deutschland verbreitet ist, enthält nur wenig Kieselsäure.

4 Kleine Wasserlinse
(*Lemna minor*)

Als „Entengrütze" ist die Kleine Wasserlinse auch bekannt. Sie breitet sich schnell aus und die kleinen Blättchen können in nährstoffreichen Teichen die gesamte Wasseroberfläche überziehen. Die Pflanze besteht aus einem 2–3 cm langen Spross, der auf der Unterseite eine Wurzel hat. Die kleinen Blättchen liegen auf der Wasseroberfläche. Die Blüten der Wasserlinse sind unscheinbar und erscheinen im April und Mai. Die Kleine Wasserlinse bevorzugt einen sonnigen bis halbschattigen Standort und eine Wassertiefe von 30–100 cm.
Bemerkung Im Gartenteich wird die Kleine Wasserlinse leicht zu einer Plage, weil sie sich zu stark ausbreitet. Meist schleppt man sich einige wenige Pflänzchen mit neuen Wasserpflanzen oder durch Vögel ein.

Sommermonaten reich verzweigte, schleierartige Blütenstände mit winzigen weißen Blüten. Er wächst kräftig, ähnlich wie der Wasser-Hahnenfuß (*Ranunculus aquatilis*), der sich mit weißen Blütenschleppen über der Wasseroberfläche präsentiert.

Zarte Schönheiten entlang der Wasserfläche

Das markante Wesen der klassischen Wasserpflanzen wird nicht nur durch ihre auffallende Schönheit, sondern auch durch ihren kräftigen Wuchs mit deutlichem Ausbreitungsdrang bestimmt. Für den großen Naturteich sind diese Pflanzenarten perfekte Partner. Wer dagegen weniger Platz hat und Wert auf Vielfalt legt, wird sich intensiver mit der heimischen Flora auseinandersetzen, um die dezente Schönheit der zurückhaltenden Pflanzen zu entdecken. Zu ihnen gehört beispielsweise das Mädesüß (*Filipendula*) mit seinen drahtigen Stängeln und den cremefarbenen Blütenständen, die an kleine Wölkchen erinnern. Auch das blaublühende Sumpf-Helmkraut (*Scutellaria galericulata*) fügt sich elegant in den feuchten Ufersaum ein. Im sonnigen Sumpf ist der Kerzen-Ehrenpreis (*Pseudolysimachion longifolium,* Syn. *Veronica*) beheimatet. Er bildet kräftige, meterhohe Horste mit blauen Blütenähren. Seine Schwester, die Bachbunge (*Veronica beccabunga*) breitet sich dagegen eher flach aus. Die Wasser-Minze (*Mentha aquatica*) wächst vom Ufer ins Wasser und meist zeigt sie sich wüchsig. Allerdings wirkt sie mit ihren zarten Blüten und den eher weichen Trieben immer locker. Die feinen ätherischen Duftstoffe locken Schmetterlinge an. Aus dem Repertoire der heimischen Heil- und Kräuterpflanzen findet man weitere Arten im Bereich des Sumpfes. So baut sich der Echte Baldrian (*Valeriana officinalis*) mit seinen kräftigen, fast mannshohen Stielen an sonnigen

Blütenschmuck rund um den heimischen Weiher

1 Große Mummel
(Nuphar lutea)

Die Große Mummel zählt zu den Klassikern im Weiher. Die Blätter erinnern deutlich an die der Seerosen (*Nymphaea*). Hinsichtlich des Wuchses zählt diese Schwimmblattpflanze zu den robusten Arten mit einem enormen Ausbreitungsdrang. Neben den Schwimmblättern besitzt die Mummel Unterwasserblätter, die auch im Winter grün sind. Von Mai bis Juli erscheinen die kugeligen gelben Blüten, die angenehm duften. Die Pflanzen breiten sich mit Hilfe ihrer dicken Rhizome aus. Sie kommen in sonnigen und halbschattigen Bereichen vor und brauchen eine Wassertiefe von 80–200 cm.
Bemerkung Für den durchschnittlichen Wassergarten ist die Große Mummel zu üppig. Man verwendet die Kleine Teichrose (*Nuphar pumila*), die sogar im Flachwasser gedeiht.

und halbschattigen Plätzen auf. Die kleinen Kissen der Brunnenkresse (*Nasturtium officinale*) lieben es feucht. In der Regel wird man diese schlichte Kräuterschönheit mit ihren unscheinbaren weißen Blütentrauben nicht am Rand eines stehenden Gewässers entdecken, da sie das bewegte Wasser bevorzugt. Ihre Lieblingsplätze sind rechts und links von frischen Bachläufen.

Die heimische Pflanzenwelt unter Wasser

Taucht man in die tiefen Wasserzonen ein, entdeckt man hier zahlreiche heimische Pflanzen. Krauses und Kleines Laichkraut (*Potamogeton crispus, P. pusillus*) breiten sich im Wasser aus. Die Wintermonate überdauern sie mit Hilfe von so genannten Winterknospen am Teichgrund, wie es auch andere Unterwasserpflanzen tun. So zum Beispiel das Quirlige Tausendblatt (*Myriophyllum verticillatum*), das mit seinen langen Stängeln sowohl unter als auch über Wasser lebt. Die Grundnessel (*Hydrilla verticillata*) ist einer der Kosmopoliten unter den Wasserpflanzen, da man sie fast weltweit findet. Die frei schwebenden Triebe werden bis zu 2 m lang. Die Pflanze wuchert zwar, kann aber durch Konkurrenzkraft und Nährstoffentzug das Algenwachstum im Zaum halten. Eine andere Unterwasserpflanze, die man mittlerweile in zahlreichen Naturgewässern antrifft, ist die Wasserpest (*Elodea canadensis*). Während der deutsche Name bereits den ungestümen Ausbreitungsdrang dieser Unterwasserpflanze bezeichnet, zeigt der botanische Name, dass ihre Heimat auf dem nordamerikanischen Kontinent liegt. So sollte man nicht nur in Hinblick auf den stark wuchernden Wuchs die Pflanze mit Vorsicht einsetzen und sie nicht zu den heimischen, sondern zu den eingebürgerten Pflanzen zählen.

2 Wasser-Hahnenfuß
(*Ranunculus aquatilis*)

In kalkarmen Weihern macht sich der Wasser-Hahnenfuß breit. Die Unterwasserpflanze hat zum einen die fein zerteilten Unterwasserblätter und zum anderen die typischen gelappten Schwimmblätter. Die Pflanze wurzelt im Teichgrund. Aus den Achseln der Schwimmblätter wachsen im Sommer die weißen Blüten, die eine gelbe Mitte haben. Ihre Leuchtkraft ist erstaunlich. Nicht selten findet man die Pflanze auch in breiten Bächen mit einem mäßigen Wasserstrom. Der Wasser-Hahnenfuß zählt zu den Pflanzen, die das Wasser mit Sauerstoff anreichern und an der Klärung des Wassers beteiligt sind.
Bemerkung Im Naturteich kann der Wasser-Hahnenfuß leicht angesiedelt werden. Bei der Verwendung sollte der kräftige Ausbreitungsdrang berücksichtigt werden.

3 Sumpf-Helmkraut
(*Scutellaria galericulata*)

Von Juni bis September schmückt sich diese heimische Uferstaude mit ihren violettblauen Blüten, die einen guten Zentimeter groß sind und sich aus der Krone und der Kronröhre zusammensetzen. Sie stehen in Paaren in den oberen Blattachseln. Die Blätter sind lanzettlich geformt und kurz gestielt. Die Stauden werden je nach Standort zwischen 15 und 60 cm hoch. Die Pflanzen wachsen aufrecht und buschig kompakt. Sie gedeihen an sonnigen bis halbschattigen Plätzen. Meist entdeckt man sie an Uferrändern oder im Flachmoor.
Bemerkung Im heimischen Naturteich macht das Sumpf-Helmkraut eine gute Figur, um die flachen Polster am Ufer aufzulockern. Man kann sie auch sehr gut als Sommerblüher in Sumpfbeete pflanzen.

4 Bachbungen-Ehrenpreis
(*Veronica beccabunga*)

Kriechend besiedelt der Bachbungen-Ehrenpreis die Sumpfzone. Die länglich-ovalen Blätter sind von einer kräftigen Struktur und frischgrün gefärbt. Von Mai bis Juli schmücken sich die Polster mit den kleinen, hellblauen Blüten, die in einer lockeren Rispe angeordnet sind. Man trifft den Bachbungen-Ehrenpreis in der Regel an sonnigen bis halbschattigen Standorten an. Sie bevorzugen einen kalkhaltigen Boden im sumpfigen Uferbereich und eine Wassertiefe von bis zu 10 cm.
Bemerkung Mit seinem kriechenden Wuchs besiedelt dieser Ehrenpreis das Ufer an Teichen und Bächen schnell. Siedelt man die Blütenstaude im heimischen Wassergarten an, so kann man den übermäßigen Ausbreitungsdrang durch einen kräftigen Rückschnitt bändigen.

Hoheiten für das Ufer: Schwertlilien

Gelbe Sumpf-Schwertlilien gedeihen an Bachläufen in dichten Horsten.

Bachläufe, Flussufer und Teichränder sind die Heimat der Sumpf-Schwertlilie (*Iris pseudacorus*). Sie liebt die feuchten Füße. Auf trockenen Böden zeigt sie sich zuverlässig, was die Blüte betrifft, und zugleich wüchsig. Denn nicht nur die gelben Blüten, die zwischen Mai und Juli auf den kräftigen Stängeln thronen, sind charakteristisch für diese Pflanze; auch ihre schwertförmigen Blätter, die im Frühling kraftvoll und grasgrün aus dem Boden schießen. An optimalen Plätzen bildet die Sumpf-Schwertlilie ein kräftiges Wurzelgeflecht, mit dem sie auch im wassergesättigten Erdreich des direkten Uferbereiches einen sicheren Stand hat.

Ein Blickfang von stattlicher Größe

Die Sumpf-Schwertlilie eignet sich wunderbar als Blickfang für einen Naturteich, da sie mit ihren aufrechten Blattstrukturen einen malerischen Gegenpol zur Wasseroberfläche bildet. Zudem stellt sie keine besonderen Ansprüche an den Standort, wobei sie sich in der Sonne besonders blütenreich präsentiert. Lässt man die Samen ausfallen, wird man bald auch an anderen Uferpartien Jungpflanzen entdecken. Hier gilt es, das richtige Maß zu finden, denn haben sich die Sumpf-Schwertlilien erst im Boden verankert, wird es schwer, sie wieder auszugraben. Eine hübsche Ergänzung zu der gelbblühenden Iris findet man unter ihren Schwestern. In der Liebe zum feuchten Boden ähnelt ihr die Asiatische Sumpf-Schwertlilie (*Iris laevigata*) am meisten. Sie trägt jedoch sattblaue Blüten, sodass man sie nicht verwechseln kann. Der Flor beginnt erst im Juli – so kann man die Blühsaison elegant verlängern.

Majestäten mit verschiedenen Ansprüchen

1 **Gelbe Sumpf-Schwertlilie**
(*Iris pseudacorus*)

Das Markenzeichen für heimische Bach- und Teichränder sowie feuchte Standorte ist die Gelbe Sumpf-Schwertlilie, die dort zusammen mit Schilf, Blutweiderich und anderen Uferpflanzen wächst. Die Horste, die auf nährstoffreichen Böden rasch und kräftig in die Breite wachsen, werden gut 1 m hoch. Die ersten gelben Blüten erscheinen im Mai. Bei kühler Witterung hält die Blütezeit bis in den Juli an.
Pflege Die frisch gesetzten Jungpflanzen brauchen ein bis zwei Jahre, bis sie üppig blühen. Eine schwache Blüte ist ein Zeichen für einen zu schattigen, nährstoffarmen Standort.
Besonderheiten Die Sumpf-Schwertlilie übernimmt bei der Klärung und Reinigung des Wassers eine bedeutende Rolle.

2 **Pflaumenduft-Iris**
(*Iris graminea*)

Wenn sich im Juni die zarten Blüten der zierlichen Pflaumenduft-Iris öffnen, macht sich ein fruchtiger Geruch breit. Diese Schwertlilie ist in Spanien, dem Kaukasus und Tschechien beheimatet. In Deutschland ist sie im Laufe der Jahre eingebürgert. Im Vergleich zur Sumpf-Schwertlilie bevorzugt die Pflaumenduft-Iris einen trockenen, durchlässigen Boden. So bauen sich die rasenartigen Horste perfekt an einem trockenen Ufer auf. Sie erreichen eine Höhe von gut 30 cm.
Pflege Bei Berücksichtigung der Standortansprüche erweist sich die Pflaumenduft-Iris als recht robust und pflegeleicht. Die Horste können durch Teilung vermehrt werden.
Besonderheiten Vermeiden Sie, dass sich Wurzelunkräuter wie Giersch in das Wurzelgeflecht setzen.

Sibirische Schwertlilie

Die Japanische-Sumpfschwertlilie (*Iris ensata*) unterscheidet sich von den vorherigen Arten in ihren Standortansprüchen, denn sie bevorzugt den wechselfeuchten Standort. Von Mai bis Juli muss das Erdreich gut durchfeuchtet sein, während es im Winter eher trocken sein sollte. Außerdem muss der Boden für diese elegante Schönheit einen niedrigen pH-Wert haben, das heißt, die Bodenreaktion sollte sauer sein. Von der Japanischen Schwester, deren Hängeblätter groß und rund sind, während die Domblätter nur wenige Zentimeter nach oben stehen, gibt es zahlreiche Züchtungen. Die Farben, die mit dieser Iris-Art ins Spiel kommen, bieten ein Spektrum von Blau über Violett bis hin zu Rosa und Gelb.

Heimische Schönheit für trockene Uferzonen

Abgerundet wird die Iris-Parade in und am Gartenteich von den Sibirischen Schwertlilien (*Iris sibirica*). Die grasartigen Horste bezeichnen den Übergang vom Ufer zum trockenen Bereich. Zugleich schmücken sie sich im Juni mit zahlreichen Blüten. Diese sind in ihrer Wirkung besonders grazil. Die Farbpalette reicht von Violett über Blau bis hin zu Gelb und Weiß. Manche Sorte trumpft mit zweifarbigen Blüten auf. Sibirische Schwertlilien vermitteln zusammen mit anderen Stauden wie Dreimasterblumen (*Tradescantia*), Taglilien (*Hemerocallis*) und Bach-Nelkenwurz (*Geum rivale*) das Bild einer natürlichen und harmonischen Pflanzengemeinschaft.

Die Schwestern aus dem Land des Lächelns

3 Asiatische Sumpf-Schwertlilie
(*Iris laevigata*)

In Japan, Korea, China und in der Mandschurei ist diese Art heimisch. Sie wird 80 cm hoch und trägt sattblaue Blüten an meist unverzweigten Stängeln. Die Blütezeit dauert von Juli bis August. Die Blüten tragen kurze Domblätter und breite, flach abstehende Hängeblätter, die mit einem charakteristischen gelben Streifen gezeichnet sind.
Pflege Wichtig ist ein ganzjährig feuchter Boden, gegebenenfalls auch ein Standort im seichten Wasser. Positiv auf das Wachstum wirkt sich eine saure Bodenreaktion aus, es wird aber auch ein kalkhaltiger Boden vertragen.
Besonderheiten In Pflanzkörben, die mit Steinen in der Teichmitte auf die optimale Höhe gebracht werden, bekommen diese asiatischen Schwertlilien einen schönen Platz.

4 Japanische Sumpf-Schwertlilie
(*Iris ensata*)

Früher war dies Art als *Iris kaempferi* bekannt. Charakteristisch für diese Art, die in Japan, Korea und der Mandschurei beheimatet ist, sind die eher flachen, breiten Blüten. Wenn ein leichter Sommerwind durch die Horste streift, flattern die Blütenblätter wie Schmetterlinge. Durch die Züchtung in Asien, Amerika und Deutschland sind zahlreiche neue Sorten hinzugekommen.
Pflege Nur auf einem kalkfreien Boden mit saurer Reaktion gedeihen die Pflanzen zuverlässig. Man sollte den Boden entsprechend vorbereiten. Zur Pflanzung empfiehlt sich das Frühjahr, da es bei der Herbstpflanzung zu Ausfällen kommen kann.
Besonderheiten In mobilen Wassergärten kann man den Wasserstand optimal regulieren, sodass die Pflanzen im Winter trockener stehen.

Der Zauber eines **schattigen Ufers**

*Das Schatten-
ufer bietet eine
breite Vielfalt,
selbst wenn
sich die Sonne
rar macht.*

Wenn ein Teil des Wassergartens im Schatten großer Bäume liegt, wirkt sich das harmonisierend auf das Ökosystem Teich aus. Im trockenen Uferbereich kann man mit einer üppigen Staudenbepflanzung für eine imposante Gestaltung sorgen. Die Kunst besteht darin, das dekorative Laub von Farnen, Gräsern und Stauden mit den bunten Blüten der Stauden vom Frühling bis in den Herbst zu kombinieren.

Blattschmuck überbrückt blütenarme Zeiten

Die Voraussetzung für das Gelingen einer Schattenpflanzung begleitend zum Teich besteht in einer ausreichenden zur Verfügung stehenden Fläche. Die benachbarten Bäume sollten keine Flachwurzler wie Kiefer (*Pinus*) und Birke (*Betula*) sein, da sich sonst nur schwer eine geschlossene Pflanzendecke etablieren lässt. Für den Frühling werden Geophyten wie Schneeglöckchen (*Galanthus nivalis*) und Blausternchen (*Scilla bifolia*) in Teichnähe locker über die Fläche verteilt. Idealer Pflanzzeitpunkt hierfür ist der vorjährige Herbst. Eine weitere Attraktion im Frühjahr ist der Austrieb der Farnwedel. Wer ausreichend Platz hat, der kann den Trichterfarn (*Matteuccia struthiopteris*) verwenden, der sich mit seinen Ausläufern ausbreitet. Will man einem übermäßigen Ausbreitungsdrang entgegenwirken, wird eine Wurzelschutzbahn eingebracht. Sehr markant baut sich der Königsfarn (*Osmunda regalis*) auf. Seine Wedel sind frischgrün. Wer weniger Platz hat, hat mit dem Wurmfarn (*Dryopteris*) eine gute Alternative. Direkt am Wasser gedeiht das Schildblatt (*Darmera peltata*). Die Trugdolden mit den hellrosa Blüten bilden sich auf kräftigen Stielen, die kahl ohne Blätter aus dem Boden herausragen. Erst später entwickeln sich die Blätter. Farbkleckse malen verschiedene Primeln (*Primula rosea, P. beesiana, P. bulleyana*) im feuchten Bereich. In den trockenen Uferzonen machen sich im Frühsommer Akelei (*Aquilegia vulgaris*) und Fingerhut (*Digitalis purpurea*) breit. Als stattliche Schönheiten werden die Lücken nun mit Geißbart (*Aruncus dioicus*) gefüllt, während im Vordergrund der Frauenmantel (*Alchemilla mollis*) mit seinen grüngelben Blütenwolken lichtgrüne Akzente setzt. Der Hochsommer gehört vor allem den Prachtspieren (*Astilbe*). Diese Stauden gibt es in Höhen zwischen 50 und 140 cm, sodass man immer etwas Passendes findet. Die weißen, rosafarbenen und roten Blütenrispen verleihen dem Schatten leuchtende Farben. Sie werden von den goldgelben bis orangefarbenen Blüten des Greiskrautes (*Ligularia*-Arten) unterstützt. Für den Spätsommer empfiehlt sich die Wachsglocke (*Kirengeshoma palmata*), die zartgelbe Blüten trägt. Im Winter sterben die Triebe ab und Immergrüne wie Rhododendren (*Rhododendron* in Arten und Sorten) und unterschiedliche Bambusformen treten in den Vordergrund.

Farnwedel und Funkienblätter zwischen Azaleen

TIPP

Wussten Sie, dass ...

... man die Teichbegleitpflanzen rechtzeitig, aber außerhalb des Dichtungsmaterials mit Metallhaltern oder gut verzweigten Haselnussruten abstützen sollte? So verhindert man, dass die Pflanzen bei einem Sturm oder beim Absterben im Herbst ins Wasser gedrückt werden und dort die Fäulnis fördern.

Stauden, die den Naturteich farbenprächtig einrahmen

Die Gestaltung rund um den Teich trägt besonders dazu bei, dass sich die Wasserfläche harmonisch einfügt. Bevor man sich über die Pflanzenauswahl und -kombination Klarheit verschafft, sollte man die Hauptsichtachsen bestimmen: Von wo aus schaut man häufig auf den Teich? Fens-

ter haben dabei eine ebenso große Bedeutung wie der Gartenweg und die Sitzplätze. Das vordere Ufer sollte den Blick auf die andere Teichseite nicht verdecken, damit sich die Bilder mit der Wasserfläche in der Mitte aufbauen. Das bedeutet, dass die Uferseite am Teichrand eine fla-

che Gestaltung bekommt und man für den Sitzplatz nahe am Teich zumindest eine kleine Schneise mit niedrigen Pflanzen einplant.

Blütezeit und Blütenfarben bestimmen die Gestaltung

Die Bepflanzung sollte den Rhythmus der Jahreszeiten wiederspiegeln. Die Sumpf-Dotterblumen (*Caltha palustris*) werden zu einem markanten Punkt, der

Im Hochsommer blüht es üppig rund um den Gartenteich

den Frühling anzeigt. Ebenso darf der Blutweiderich (*Lythrum salicaria*) als Symbol für den Hochsommer nicht fehlen. Wichtig ist nur, dass man die Stauden so miteinander kombiniert, dass innerhalb des Jahres keine Lücken entstehen. Die Narzissen (*Narcissus*) werden in den Hintergrund gesetzt, damit ihre nach der Blüte vergilbenden Blätter vom Austrieb von Taglilien (*Hemerocallis*) und Gold-Felberich (*Lysimachia punctata*) verdeckt werden. Grundsätzlich sollte eine solche

Bepflanzung im Herbst lange stehen bleiben, damit man die Schönheit des Vergänglichen im Herbst und Winter auskosten kann. Der komplette Rückschnitt folgt im Frühjahr.

Farblich sollte man keine allzu großen Umstände bei der Planung machen, denn ein Gartenteich bedeutet Vielfalt. Eine monochrome Gestaltung würde dies nicht zum Ausdruck bringen und eher eintönig wirken. Da aber auch dem Laub eine wichtige Bedeutung zukommt, sollte man hier auf Abwechslung achten. Mädesüß (*Filipendula rubra*) und Baldrian (*Valeriana officinalis*) haben gefiederte Blätter, die einen schönen Kontrast zu großlaubigen Arten von Schaublatt (*Rodgersia*) darstellen. Typisch für die Einrahmung des Ufers sind auch riemenförmige Blätter von Sumpf-Schwertlilien (*Iris pseudacorus*) und Gräsern, die einen hübschen Kontrast zu rundlichen Blättern, beispielsweise denen des Frauenmantels (*Alchemilla mollis*), bilden.

Blühender Wasserdost

Grüner Bambus

Die Pflanzen gestaffelt oder pultförmig hinter dem Gartenteich aufbauen

Für eine harmonische Kombination muss man nicht nur die Teich-, sondern auch die Gartengröße berücksichtigen. Bei kleinen Gärten sollte die Bepflanzung überschaubar bleiben. Sehr hohe Pflanzen wie ein Bambushorst oder ein Wasserdost (*Eupatorium*) können als Solitäre aus der Bepflanzung herausragen und vielleicht sogar störende Blickachsen verdecken. Im großen Garten kann man den Gartenteich mit einem üppigen Beet auch so einrahmen, dass er sich

dahinter versteckt. Von der gegenüberliegenden Seite sollte die Sicht frei auf diese ansteigende Bepflanzung sein. Man bezieht die flachen Uferpflanzen mit ein und lässt die Höhen nach hinten ansteigen. So wird der Übergang vom nassen zum frischen und später vielleicht sogar eher trockenen Gartenboden überspielt. Klassische Wild- und Gartenstauden bestimmen die Bilder und entwickeln meist im Laufe der Zeit eine ganz eigene Dynamik, weil sich Glockenblumen und Akeleien durch Aussaat in Lücken mischen oder frei gewordene Plätze ausfüllen.

Die heimische Tierwelt im Wasser

IDEEN FÜR SIE

Man muss sich Zeit nehmen, um das Leben der Tiere im Teich zu studieren. Der Wasserfloh (Bild 1) und seine Verwandten sind mit dem bloßen Auge nur zu erkennen, wenn sie in Schwärmen durch das sonnendurchflutete Wasser ziehen. Die Krebstiere ernähren sich von kleinen Algen. Der Wasserfloh gelangt über Eier in den Gartenteich. Diese Dauereier überdauern sowohl Kälte als auch Trockenheit. Aus ihnen schlüpfen die Weibchen, die durch Jungfernzeugung Eier austragen, aus denen sich Männchen entwickeln. Auffälliger sieht die Posthornschnecke aus (Bild 2), die am Bodengrund lebt. Sie ernährt sich

vorwiegend von Algen. Nur bei Nahrungsmangel geht sie auch an die zarten Teile der Wasserpflanzen. Der Stichling (Bild 3) ist in Europa beheimatet. Das Männchen trägt zur Laichzeit eine leuchtend rot gefärbte Bauchregion. Das Teichmolch-Männchen (Bild 4) ist 2 bis 3 cm größer als das Weibchen. In der Laichzeit bildet das Männchen vom Kopf bis zur Schwanzspitze einen gewellten Kamm und eine auffällige Färbung aus. Molche leben im Frühling in Teichen mit leicht schattigen Bereichen. Ab Juni leben sie im feuchten Unterholz, wo sie sich zum Winter hin in das Erdreich eingraben.

1 2
3 4

Tierisches Leben im Wasser

Am und im Weiher finden die Tiere Nahrung, Schutz und Nistplätze.

Die besonderen Lebensformen des Wassers beschränken sich nicht nur auf die Flora. Die Fauna rund um Weiher und Tümpel zeigt sich sehr vielgestaltig. Natürlich kommen einem Fische in den Sinn, aber sie stellen nur eine kleine Gruppe innerhalb der Teichbewohner dar. Schmetterlinge, Libellen und Käfer werden vom Wasser ebenso angelockt wie Mücken und Spinnen. Frösche, Kröten und Molche sind an und zeitweise auch in Teichen zuhause. Taucht man in das Wasser ein, so entdeckt man sogar in den Binnengewässern Schnecken und Muscheln. Ebenso profitieren allerlei Vögel von dem Lebensraum.

Die Kinderstube der Fauna

Eine ganze Reihe von Insekten aber auch Amphibien nutzen die heimischen Tümpel, um ihren Nachwuchs groß zu ziehen. Kröten bespielsweise legen im Frühling ihren Laich in Knäueln oder langen Fäden ab. Molche laichen in eigens gewickelten „Pflanztaschen" im Gewässer und man kann zusehen, wie die Kaulquappen heranwachsen und im Wasser schwimmen. Sie leben in diesen Wochen ganz ähnlich wie die Fische, die man auch in den natürlichen Weihern findet. Stichlinge gehören zu den bekanntesten. Sie fallen in ihrem Fortpflanzungsverhalten vor allem dadurch auf, dass die männlichen Stichlinge zunächst ein kleines Nest aus Pflanzenresten bauen und es mit einer klebrigen Substanz verleimen. Erst wenn das Bauwerk fertig ist, beginnt der in diesen Wochen prächtig gefärbte Fisch mit dem Werben um ein Weibchen, das seine Eier in das Nest legen soll. Nach der Besamung übernimmt der männliche Stichling die Brutpflege. Interessant präsentiert sich auch das Leben der Libellen. Die Weibchen legen ihre Eier im Uferschlamm oder in Pflanzenstängeln ab. Daraus schlüpfen die Larven, die sich zunächst von Kleinstlebewesen ernähren. Später fressen sie auch Wasserinsekten und kleine Krebstiere. Nach einer unterschiedlich langen Entwicklungsdauer klettern die Larven aus dem Wasser an die Luft. Die Hülle platzt und es schlüpft die fertige Libelle. Bis zum ersten Flug müssen sich die Flügel noch kräftigen. Diese Insekten sind für Teichbesitzer eine Freude.

Beliebt bei den Vögeln

Typische Bewohner der heimischen Weiher sind natürlich auch die Wasservögel. Wildenten und Reiher leben am Teichrand und finden ihre Nahrung in den Gewässern. Für den Naturteich ist das Eintreffen dieser Wasserbewohner nicht nur eine Auszeichnung, denn die Vögel bringen viel Unordnung in das Biotop. Der Kot ist eine nicht zu vernachlässigende Belastung für das Wasser. Zudem werden Amphibien und Fische stark dezimiert. Natürlich ist das ein Teil des natürlichen Räuber-Beute-Schemas, was die Sache aber nicht einfacher macht. Auf der anderen Seite geht man davon aus, dass Enten in ihrem Gefieder auf natürlichem Wege Laich von einem in das andere Gewässer einbringen. So wird mancher Naturteich, in den nie Fische eingesetzt wurden, ohne menschliches Zutun die Heimat von Moderlieschen oder Ellritzen.

Der Gartenteich: beliebter Lebensraum für Tiere

Nicht nur in der Natur, sondern auch im künstlich angelegten Gartenteich siedeln sich recht schnell viele Tiere an. Sie brauchen Verstecke und Nahrung, um sich wohlzufühlen. Meist dauert die Entwicklung zu einer ausgewogenen Fauna ein paar Jahre. Schließlich entwickeln sich die Pflanzen, die den Lebensraum der Teichbewohner ausmachen, auch nicht gleich im ersten Jahr zur perfekten Umgebung. Je weniger man in das Gefüge eingreift, desto früher kann man sich an dem knisternden Tanz der Libellen erfreuen. Natürlich muss man auch darauf gefasst sein, dass die Tiere nicht alle stumm darauf warten, betrachtet zu werden. Ein oder zwei Frösche können

ein nächtliches Konzert anstimmen, das einem den Schlaf raubt. Ebenso bekommt man vielleicht Besuch von einer Kröte, oder Mücken nutzen die Wasserfläche, um sich zu vermehren. Man muss zu diesem Eigenleben des Naturteiches bereit sein, denn die Vielfalt der verschiedenen Lebewesen ist ein Zeichen für ein intaktes Ökosystem. Massenhaftes Auftreten kann lästig sein, aber meist regelt die Natur dieses ganz alleine, weil Räuber angelockt werden, die die Populationen im Zaum halten. Im Folgenden stellen wir Ihnen einige typische Vertreter der Fauna eines Naturteiches und ihre Besonderheiten in der Lebensweise vor.

Sicheren Schrittes eilt der Wasserläufer über die Wasserfläche

Es scheint wie ein kleines Wunder: Der Wasserläufer bewegt sich auf dem Wasser ohne unterzutauchen. Diese Fähigkeit beruht darauf, dass er eine Drüse mit wasserabweisenden Stoffen besitzt, mit denen er seinen Körper pflegt. Das Tempo der Bewegung wird durch das mittlere Beinpaar vorgegeben, während die hinteren Beine lenkend eingreifen. Die vorderen Beine sind dagegen zu Fangarmen ausgebildet. Mit ihnen sammelt der Wasserläufer geschickt und schnell tote oder lebende Insekten von der Wasseroberfläche ab. Die Männchen sind kleiner als die Weibchen, die im Sommer ihre Eier ablegen.

Teichfrösche tarnen sich mit ihrem grünen Kleid zwischen den Pflanzen

Der Teichfrosch zählt zu den typischen Bewohnern eines Stillgewässers. Er ist gut getarnt und fällt zwischen den Blättern von Schwimmpflanzen nicht auf. Aber akustisch lässt er keinen Zweifel an seiner Anwesenheit. Mit einem kräftigen Platschen flüchten die Amphibien ins Wasser. Ihre Konzerte können auf Dauer lästig werden. Zwischen April und Juni legen die Weibchen ihre Eier in Laichballen ab. Bei Gefahr verstecken sich die Frösche im Teichgrund, ansonsten sonnen sie sich häufig am Ufer. Den Winter verbringen sie im Schlamm des Teichgrundes.

Kopfüber hängen die Larven der Stechmücken an der Wasseroberfläche

Mücken zählen nicht zu den beliebtesten Lebewesen des Wassergartens, weil sie stechen. Aber zugleich stellen sie für Vögel und Amphibien eine wichtige Nahrungsquelle dar. Treten Mücken in Massen auf, werden Singvögel angelockt. Außerdem haben sie eine ungewöhnliche Art der Fortpflanzung. Die Eier werden im Wasser abgelegt. Daraus entwickeln sich Larven, die meist direkt unter der Wasseroberfläche hängen. Mit Hilfe eines Atemrohres, das an ihrem Hinterleib angebracht ist, finden sie Halt und versorgen sich mit Sauerstoff. Bei Wasserbewegungen tauchen die Mücken kurzzeitig ab.

Die Teichmuschel übernimmt die Funktion eines natürlichen Wasserfilters

Teichmuscheln haben eine ovale Form. Sie werden bis zu 20 cm groß und leben im Boden von stehenden oder langsam fließenden Gewässern. Meist übersieht man sie, aber ihre Lebensweise macht sie zu einem wichtigen Bewohner des Naturteiches. Die Muscheln ernähren sich von winzigen Schwebstoffen wie Plankton. Für die Nahrungsaufnahme erzeugen sie einen Wasserstrom, wobei Wasser aufgenommen und kontinuierlich wieder abgegeben wird. Dabei werden Sauerstoff, Schwebstoffe und Algen aus dem dem Wasser gefiltert. Bei einer großen Muschel beträgt der Wasserdurchsatz in einer Stunde 40 l.

Der Bitterling und die Muschel bilden eine perfekte Symbiose in Sachen Brutpflege

Der Bitterling kommt vor allem in wärmeren Gewässern vor. Meist lebt er in Gruppen von mindestens sechs Fischen. Zur Vermehrung ist der Bitterling auf die Teichmuschel angewiesen. Das Weibchen legt die Eier mit einer speziellen Legeröhre in den Kiemenraum der Muschel. Anschließend gibt das Männchen seinen Samen darüber. Die jungen Fische verlassen wenige Wochen nach dem Schlüpfen die Muschel. Zugleich heften sich die Muschellarven an die Schleimhaut der Fische, wo sie überwachsen und versorgt werden, bis sie wieder abfallen.

Die **Inselwelt** des Gartenteiches

Inseln bieten vielen Tieren einen ruhigen Lebensraum in Wassernähe.

Die Idee einer Insel im Gartenteich weckt viele Fantasien und Träume. Auf den ersten Blick mag man sogar die Stirn runzeln. Ein Gartenteich – und dann auch noch mit einem Eiland? Aber warum nicht? Wenn die Wasserfläche groß genug ist, bietet es sich an, die Natürlichkeit durch eine kleine Insel zu unterstützen und dem Wassergarten eine gewisse Raffinesse zu verleihen. Man sollte die Insel von Anfang an in die Planung des Wassergartens mit einbeziehen. Wirklich realistisch wird die Idee, wenn man das Eiland etwa 1 bis 1,50 m breit gestalten kann. Abwechslung in der Bepflanzung wird so möglich; auch für die Tiere, die sich hier ansiedeln werden, ist genügend Platz. Natürlich verringern die Inseln das Fassungsvermögen eines Teiches, weil Wasser verdrängt wird. Daher sollte der Teich mindestens viermal so groß sein wie die Insel.

Verschiedene Bauformen mit unterschiedlicher Bepflanzung

Bevor man sich an die Arbeit macht, sollte man entscheiden, was für eine Insel man haben möchte. Hinsichtlich der Bauform wird zwischen einer nassen und einer trockenen Insel unterschieden. Bei der ersteren wird der Boden durch das Wasser im Teich durchfeuchtet, es entsteht eine Zone, die mit Pflanzen für das feuchte Ufer bepflanzt werden kann. Bei der trockenen Insel hat das Erdreich keinen Kontakt mit dem Wasser. Der Grundstein für eine Insel wird beim Ausschachten gelegt. Dort, wo die Insel entstehen soll, lässt man einen Teil des anstehenden Bodens stehen. Für die nasse Insel sollte der Hügel gut 20 cm unterhalb der geplanten Wasseroberfläche enden. Auf diesen mit abgeschrägten Seiten aufgebauten Hügel werden die Materialien für die Unterfütterung und die Folie gelegt. Man muss hier natürlich die Maße für die Folie entsprechend berechnen und Zuschläge für die Seiten der Insel einkalkulieren. Nun kann man aus Rasensoden, die leicht konisch aufeinander gestapelt werden, die seitlichen Wände etwa 30 cm hoch daraufbauen. Durch die Rasensoden kann das Wasser später langsam durchsickern. In den entstandenen Kegel wird Erde eingefüllt. Sie sollte möglichst schwer, also lehmig sein, damit sie haftet, bis die Pflanzenwurzeln das Erdreich halten. Mit der Pflanzung sollte man nicht lange warten, denn die Wurzeln helfen bei der Befestigung des Grundes. Ausläufer treibende Kriechpflanzen breiten sich rasch aus und halten die Erde. Kriechender Günsel (*Ajuga reptans*), Pfennigkraut (*Lysimachia nummularia*) und Polei-Minze (*Mentha pulegium*) versprechen zusammen mit der Sumpf-Dotterblume (*Caltha palustris*) nicht nur einen guten Halt, sondern auch einen farbenprächtigen und

Eine trockene Insel im Gartenteich

Die Insel in den fertigen Teich nachträglich einbauen

Wer einen Garten mit Teich übernimmt, kommt ebenso ins Grübeln, wenn er eine Insel nachträglich einbauen will, wie jemand, der sich erst mit der Idee anfreundet, obwohl der Wassergarten längst fertig ist.

Es ist noch nicht zu spät, aber es bedeutet natürlich eine Menge Aufwand, nachträglich eine Insel einzubauen. Zunächst muss das Wasser abgelassen werden. Auf dem Grund direkt über der Teichfolie wird nun die Insel aufgebaut. Dazu braucht man Sand- oder Schottersäcke, die wie ein Wall aufgeschichtet werden. Dabei sollten sie konisch übereinander gestapelt werden, damit die Insel dem Wasserdruck Stand hält. Nach den ersten drei Lagen mit Sandsäcken füllt man Schotter auf den Inselgrund. Er sollte etwa 30 cm hoch liegen. Anschließend werden die Wände weiter hochgezogen, und zwar etwa bis zwei Handbreit unter die spätere Wasserlinie. Nun kann nährstoffarmer, lehmiger Gartenboden eingefüllt werden. Die Säcke werden oben mit umgedrehten Rasensoden abgedeckt. Eine solche Insel sollte nur halb so hoch sein wie ihr Durchmesser, damit sie stabil ist.

Ein Eiland mitten in der Sonne verheißt pure Erholung

abwechslungsreichen Blütenschmuck. Auf der Insel selbst kann man mit verschiedenen Seggen (*Carex*-Arten), Jakobsleiter (*Polemonium caeruleum*), Scharfem Hahnenfuß (*Ranunculus acris*) und Trollblumen (*Trollius*) eine harmonische Pflanzengesellschaft zusammenstellen. Auf Dünger sollte man verzichten, denn dieser würde den Nährstoffhaushalt des Wassers belasten.

Die Besonderheiten der trockenen Insel

Wenn man eine trockene Insel anlegen will, lässt man einen Hügel stehen, der gut 15 cm über der späteren Wasserlinie endet. Wenn der Boden der Insel seine kompakte Struktur behält, gewinnt die Insel automatisch Stabilität. Daher sollte man den Teich um die Insel aus gewachsenem Boden graben und keine Erde abtragen. Wenn der Teich vollständig geformt ist, wird der gesamte Grund – die Insel eingeschlossen – mit Folie abgedeckt. Erst wenn sie richtig liegt, schneidet man sie im Bereich der Inseloberfläche auf. Die Ränder werden mit Rasensoden fixiert und es wird zusätzlich eine Schicht Mutterboden aufgebracht. Hier können nun Pflanzen gesetzt werden. Sie sollten Trockenheit vertragen, denn trotz des Standortes mitten im Wassergarten kann die Erde im Sommer austrocknen. Dekorativ wirken langsam wachsende, pflegeleichte Gehölze wie ein Fächer-Ahorn (*Acer palmatum*).

Zierteiche

Die architektonische Formgebung verleiht dem Zierteich eine gewisse Strenge und betont die Gesamtgestaltung. Die Eleganz dieser bisweilen auch sehr kleinen Varianten eines Teiches bereichert den Garten vor allem, wenn er durch Brücken oder Trittsteine erlebbar wird. Aufgelockert werden die Zierteiche natürlich auch durch die reiche Pflanzenwelt der verschiedenen Tiefenzonen eines Gartenteiches.

Variationen für ein Wasserbecken

Nierenförmig fügt sich der Teich ins Ensemble

Der Zierteich unterscheidet sich ganz klar vom Naturteich. Ein befestigtes Ufer, eine künstliche oder architektonische Grundform und der in vielen Fällen zurückhaltende Besatz mit Pflanzen prägen den Zierteich. Einzelne Seerosen (*Nymphaea*) kommen groß heraus oder eine asymmetrisch angeordnete Gruppe aus Schwertlilien (*Iris*) und Binsen (*Juncus*) betonen die klar umgrenzte Wasserfläche. Im Prinzip sind der Fantasie keine Grenzen gesetzt. Dabei darf die Natur aber nicht außer Acht gelassen werden. Schließlich sind Pflanzen beispielsweise hilfreich beim Klären des Wassers. Verzichtet man auf das Grün, muss man durch Technikeinsatz das Wasser reinigen und belüften. Besonderes Augenmerk gilt Kleintieren, die in den Teich fallen. Die steilen Wände bieten ihnen keine Möglichkeit, sich selbst zu befreien. Eine Lösung, die dauerhaft praktikabel ist und gestalterische Qualität besitzt, sollte angestrebt werden.

Gesamtgestaltung: reine Formsache

Bei der Planung des Zierteiches geht man zum einen von der Gartenanlage im Ganzen aus, sollte aber auch die Architektur des Wohnhauses berücksichtigen. Über die Formensprache lassen sich leicht Bezüge herstellen. Wenn der Wassergarten in direkter Hausnähe platziert wird, kommt es zu Spiegelungen der Fassade im Wasser, sodass sich hier interessante Effekte erzielen lassen. Grundsätzlich muss der Zierteich nicht einer geometrischen Grundform entsprechen. Man kann ganz bewusst in einem typischen Garten der 70er-Jahre einen nierenförmigen Teich anlegen oder ein langgestrecktes Band in einer regelmäßigen Schlangenlinie gestalten. Runde, ovale, viereckige oder quadratische Wasserbecken haben aber den Vorteil, dass sie von ihrer Wirkung her eindeutig und leicht zu bauen sind. Man kann die Form zum Motto machen und so wird ein ovaler Teich zu einem Punkt, auf den verschiedene Achsen zulaufen. Bänke, die die Rundung aufnehmen, betonen diese Form nochmals und schaffen die Verbindung zum Verlauf des Teichrandes. Ein langgestrecktes, viereckiges Becken unterteilt wie ein Strahl die Rasenfläche und findet in einem parallel angeordneten Beet eine Entsprechung. So werden diese Gestaltungselemente zu den Dramaturgen des gesamten Gartens. Natürlich kann das formale Becken auch die Lösung für kleine Terrassen oder Innenhöfe sein. Sie geben der Atmosphäre ein besonderes Flair und wirken sich positiv hinsichtlich des Kleinklimas aus.

Das Tüpfelchen auf dem i – die Randgestaltung

Die formalen Zierteiche kommen vor allem durch die Gestaltung der Ränder zur Geltung. Wie ein hübscher Rahmen ein Gemälde in Szene setzt, so betont man mit der Befestigung der Beckenränder den Wassergarten. Will man die Länge eines Beckens unterstreichen, befestigt man parallel zum Ufer verlaufende gerade Elemente, etwa Granitkanten oder Holzplanken. Bei Rundungen bieten sich Klinkersteine an, weil diese sich leicht der Form anpassen lassen. Platten, die im Garten auf Wegen verwendet werden, geben dem Teichufer einen Wiedererkennungswert. Die Überlegungen sollten sich bei der Randgestaltung nicht nur auf die Materialien beziehen. So kann man beispielsweise auch die Höhe variieren und eine Sitzgelegenheit am Wasserbecken schaffen. Versprünge in der Form kommen besser zur Geltung. Nach hinten wird eine Mauer, die nicht höher als 0,5 m sein sollte, dazu verwendet, einem Beet eine Kulisse zu geben. Ebenso kann man Erde auffüllen, sodass für die Bepflanzung ein kleines Pultbeet entsteht. Hier werden die Sitzplätze am Teich mit blühenden und duftenden Pflanzen malerisch eingerahmt.

Mit seiner quadratischen Form wird der Teich zum Mittelpunkt des formalen Innenhofes

Schritt für Schritt einen Teich mit einem Fertigbecken bauen

GÄRTNER-PRAXIS

Module erlauben eine individuelle Gestaltung und erleichtern den Transport

Becken aus Glasfaser verstärktem Kunststoff (GfK) werden in jedem Gartencenter angeboten. Diese Fertigteiche sind leicht und robust, allerdings recht sperrig, wenn man einen großen Teich anlegen will. Hierfür gibt es jedoch Module, die mit Hilfe von Schrauben und Silikon erst im Garten verbunden werden. Natürlich ist es ganz wichtig, dass die Arbeiten sorgfältig ausgeführt werden, damit der Teich hinterher auch tatsächlich wasserdicht ist. Flache Becken eignen sich für kleine Wassergärten. Eine vielseitige Bepflanzung sowie die Besiedlung mit Fischen erfordert eine Mindesttiefe von 80 cm.

Das zusammengebaute Becken steht Modell zum Übertragen der Umrisse auf den Rasen

Für das Becken muss ein ausreichend großes Loch in gegraben werden. Es muss genau zur Form passen. Daher stellt man das Becken an die Stelle, wo sich die Wasserfläche später ausbreiten soll, und markiert den Grundriss. Auf einem Rasen wird nun zunächst die Grasnarbe abgestochen. Der Aushub ist mühselig. Achten Sie darauf, dass Sie sich die Arbeit so leicht wie möglich machen. Graben Sie zunächst in der Mitte ein Loch. Stellen Sie sich hinein und graben Sie von der Mitte an die Außenseiten. Bedenken Sie, was Sie mit dem Aushub machen wollen, denn es fällt eine gehörige Menge Gartenboden an.

Auf die Grobarbeit des Aushubs folgt die Maßarbeit der exakten Nivellierung

Die Sohle des Teiches muss in Waage liegen, damit auch das Becken später ganz gerade steht. Mit Latten und Wasserwaage prüft man den Grund, damit er ganz eben ist. Die seitlichen Ränder werden mit Pflöcken festgelegt. Der Referenzpflock wird eingemessen und die Höhe markiert, sodass die anderen Pflöcke mit Hilfe der Wasserwaage entsprechend ausgerichtet werden können. Um die seitlichen Ränder exakt auszuheben, muss man das Becken immer wieder einsetzen und kontrollieren. Die Sohle wird mit feinem Sand eingeebnet.

Die Uferpflanzen werden als erstes auf der äußersten Ebene gepflanzt

Wenn das Becken genau eingepasst ist, werden die Ränder mit einem mageren Sand-Lehm-Gemisch gefüllt und mit den ausgewählten Stauden für das feuchte Ufer bepflanzt. Dieses hat den Vorteil, dass die obere Pflanzebene nun durch das Gewicht leicht nach unten gedrückt wird. Man kann diese Arbeit wie im Bild vom Becken aus machen. Da man dabei das Becken einseitig belastet, sollte man jedoch besser vom Rand her arbeiten – auch wenn es etwas unbequemer ist. Dann kann man auch das Becken mit etwas Wasser befüllen, damit es stabiler steht.

Die Zwischenräume werden nun seitlich mit Aushub oder Sand hinterfüllt

Damit das GfK-Becken optimal sitzt, hebt man das Loch etwas breiter und tiefer als das Becken aus. Anschließend muss es hinterfüllt werden. Dazu gibt man vom steinlosen Aushub oder Sand einige Schaufeln in den Zwischenraum und stampft die Erde fest. Dazu kann man ein Kantholz nehmen. Diese Feinarbeit ist wichtig, damit das Becken an den Rändern gleichmäßig aufliegt. Meist muss man den Vorgang mehrmals wiederholen, bis sich das Erdreich endgültig gesetzt hat. Der überschüssige Aushub muss ausreichend weit entfernt gelagert werden, damit er nicht in das Becken rutschen kann.

Ist der Teich eingewachsen, verschwindet das Becken unter dem Bewuchs

Abschließend kann man das Ufer gestalten. Steine und Kies helfen dabei, die Kanten zu verdecken und der Form eine natürliche Ausstrahlung zu geben. Unterstützt wird dies durch die Bepflanzung an den Rändern, allerdings muss man sich ein bis zwei Jahre gedulden, bis alles natürlich wirkt. In die Teichmitte werden Schwimm(blatt)pflanzen gesetzt, damit sie sich auf der Wasseroberfläche ausbreiten und das Wasser vor rascher Erwärmung schützen. Fische werden frühestens im zweiten Jahr eingesetzt, wenn sich die Wasserqualität stabilisiert hat.

Schritt für Schritt einen Folienteich bauen

Die äußeren Ränder des Teiches vom Plan auf die Fläche im Garten übertragen

Bei einem Teich aus flexibler Folie kann man die Form frei wählen, damit er sich ganz harmonisch in den Garten einfügt. Ein Plan auf dem Papier sollte aber immer maßstabsgetreu gezeichnet werden, damit die späteren Abmessungen stimmen. Messen Sie den Teichrand mit Hilfe von markanten Punkten von der Gartengrenze aus ein. Diese kann man mit Pflöcken markieren. Den Umriss kennzeichnet man mit hellem Sand, einer Schnur oder man sticht ihn großzügig aus dem Rasen ab. Nun werden die Grassoden flach abgeschält. Man kann sie zum Bau einer Insel verwenden oder kompostieren.

Beim Aushub des Erdreichs sind viele helfende Hände gerne gesehen

Nun muss der Teich ausgehoben werden. Zunächst wird das Erdreich bis zur ersten Pflanzebene abgetragen, wobei die Ränder zum späteren einfachen Bepflanzen eine maximale Neigung von etwa 20° haben sollten. Jetzt kann man eine zweite Ebene abschaufeln und eventuell an einer Seite ein lang gezogenes breites Ufer oder einen Strand anlegen. Latten sorgen dafür, dass man die Schubkarre bequem fahren kann. In der Mitte des Teiches wird die maximale Tiefe ausgehoben. Durch dieses tiefe Becken kann man den Teich einfacher von Schlamm befreien und die Frostsicherheit gewährleisten.

Die Messungen mit Wasserwaage oder Richtscheit sorgen für exakte Ränder

Exaktes Arbeiten ist ein absolutes Muss. Mit Hilfe einer Latte von einem zum anderen Ufer werden die Teichränder verglichen und die Tiefe eingemessen. Bei unterschiedlich hohen Ufern muss man einen Ausgleich schaffen, damit das Wasser nicht ausläuft. Es ist deshalb ganz wichtig, das Ufer rundherum mit Hilfe von Pflöcken auf seine Höhe einzumessen. Zu tiefe Punkte müssen aufgefüttert werden, zu hohe werden abgetragen. Anschließend wird die Tiefe der Pflanzebene und der Grubensohle genau vermessen und exakt abgetragen bzw. aufgefüllt.

Mit Schutzmatte und Folie wird die gesamte Fläche faltenfrei ausgelegt

Steine und andere spitze oder scharfkantige Gegenstände müssen aus der Teichgrube aufgelesen werden. Bei groben Böden empfiehlt sich die Ausbringung einer dünnen Schicht aus Sand. Mit dem Handstampfer wird der Boden verdichtet. Nun legt man den Teichboden mit einem weichen Vlies aus, damit die Folie durch Reibung nicht beschädigt wird. Die Vliesbahnen sollten sich um etwa 10 bis 15 cm überlappen. Die Teichfolie wird nun darüber gelegt. Die Maße für die benötigte Foliengröße berechnet man nach der folgenden Formel: Länge bzw. Breite in cm + 2 x Tiefe in cm + 80 cm für die Kapillarsperre.

Die Teichmitte mit Regenwasser füllen und die Ränder richtig ausgestalten

Die Randausbildung muss sehr sorgfältig gebaut werden, da sonst der Teich leicht auslaufen kann. Die Teichfolie sollte zunächst über einen Wulst, dann eine Rinne gelegt werden, um die Verbindung zwischen Erdreich und Teich zu unterbrechen (die so genannte Kapillarsperre). Dabei darf die Folie einige Zentimeter überstehen, kann aber mit Kies kaschiert werden. Schneiden Sie sie erst nach einem Jahr ab, da sich die Erde nachträglich setzt. Während sich der Teich mit Wasser füllt, wird auf der Pflanzebene Substrat ausgebreitet. Es sollte möglichst mager sein und keine groben Steine enthalten.

Nach Einfüllen des Wassers mit der Bepflanzung beginnen

Kies und grobe Steine decken jetzt die Randbereiche ab, sodass das Ufer natürlicher wirkt. Mit der Bepflanzung sollte man etwa zwei bis drei Wochen warten, damit sich das Wasser erwärmen kann. Mit Hilfe von Pflanzkörben werden nun wie auf Seite 26 beschrieben Schwimmblattpflanzen eingesetzt. Mit Pflanztaschen werden die steilen Uferbereiche begrünt, während man auf der Pflanzebene die Pflanzen direkt oder in Körben in das Substrat setzt. Dabei achtet man auf große Pflanzabstände, damit die Bepflanzung nicht zu dicht wird.

Formale Becken *bauen*

Eine Stahlkante gibt dem Becken klare Konturen

Wenn man sich streng geformte, formale Zierteiche ansieht, scheint es auf den ersten Blick ganz logisch, dass man solche Becken aus Beton baut. Früher war Beton auch ein gängiger Baustoff, aber diese Bauweise bedeutet viel Aufwand. Die Qualität des Betons und das saubere Arbeiten sind die Vorraussetzung für die Beständigkeit dieses Teiches. Die Alternativen aus Folie und fertigen Kunststoffbecken sollten immer zum Vergleich herangezogen werden, um Vor- und Nachteile abzuwägen.

Das Augenmerk auf die Ränder legen

Die formale Note der Teichbecken wird unterstrichen, wenn man hier hochwertige Materialien verwendet. Verzinktes Stahlblech und Blei legen sich mit Eleganz um die Kanten, die dafür etwas erhöht über den Gartenboden herausragen sollten. Bei einer Verzierung mit Steinen sollten sich die Steinfarben und das Verlegemuster von der Umgebung abheben.

Sorgfältig planen

Das Betonbecken braucht eine gründliche Vorbereitung auf dem Papier, weil man nachträglich nur noch mit schwerem Gerät etwas verändern kann. Zugleich müssen Überlauf und Leerrohre für Kabel oder Leitungen bedacht werden. Betonteiche sollten ein Seitenrand-Gefälle von maximal 25–30 % haben, damit es im Winter nicht zu Problemen kommt.

Unterbau, Bewehrung und Schalung

Zusätzlich zur eigentlichen Beckengröße muss man beim Ausschachten die Betonwände und den Untergrund berücksichtigen. Dies wird oft vergessen, und man wundert sich, wo der Platz geblieben ist. Außerdem muss man auf dem Teichboden einige Vorbereitungen hinsichtlich des Unterbaus treffen. Der Grund muss fachgerecht verdichtet werden. Auf sandigen oder grobkörnigem Boden geht dies sehr gut, aber man kommt nicht um die Rüttelplatte herum. Bei lehmigen Böden empfiehlt es sich, einen gut 10 cm hohen Unterbau aus Schotter einzubringen. Man legt die Grube mit Dachpappe und feinmaschigen Bewehrungsmatten aus. Die Betonplatte auf dem Grund sollte mindestens 10, besser noch 15 cm stark sein. Für die Herstellung des Betons und das Einbringen des Materials braucht man Fachkenntnisse. Wenn Sie keinen Profi aus dem Familien- oder Freundeskreis um Rat fragen können, sollten Sie auf jeden Fall einen Fachmann engagieren. Bei kleinen Teichen mit dem richtigen Gefälle kann man die Wände aus Betonsteinen auf die Bodenplatte mauern und sie später mit einem Faserzement verputzen. Für größere Becken mit einem Gefälle über 30% muss man eine Schalung bauen. Außerdem muss man eine entsprechende Bewehrung einbauen, die dem Bauwerk Halt gibt.

Die Quellen für Undichtigkeiten frühzeitig vermeiden

Wenn der Zierteich einen stetig sinkenden Wasserpegel aufweist, ist die Ursache meist ein Loch oder Riss. Das Abdichten stellt einen vor Probleme, denn zunächst muss man das Leck finden und anschließend muss man es hundertprozentig schließen. Schon beim Bau des Teiches gibt es Punkte zur zuverlässigen Dichtigkeit zu beachten. Zum Verarbeiten von Beton sollten die Außentemperaturen deutlich über 5 °C liegen. Zugleich muss man auch bei warmer Witterung Nachbehandlungsmaßnahmen treffen, indem man den aushärtenden Beton immer wieder mit Wasser besprüht und gegebenenfalls mit feuchtem Gewebe, z.B. alten Kartoffelsäcken, abdeckt. Sonst verdunstet zu viel Wasser und der Beton erreicht nicht die gewünschten Eigenschaften, insbesondere nicht die benötigte Festigkeit. Die Folge sind kleine Haarrisse, die durch plötzlichen Wasserverlust und nachfolgende Schrumpfung entstehen. Man sollte sich die Mühe machen, den Betonteich nach der Fertigstellung mit einem Polyesterharz zu bestreichen. Nach gut zwei Wochen ist der Beton so weit ausgehärtet, dass man die Abdichtung mit einer Fellrolle aufbringen kann. Dabei ist zu beachten, dass Kunstharz nach 40 Minuten aushärtet. Daher sollte man immer nur so viel Harz mit dem Härter vermengen, wie verarbeitet werden kann.

Im Randbereich eines Betonteiches kommt es häufig durch Frostrisse zu Undichtigkeiten. Wasser dehnt sich aus und da Beton ein starres Material ist, entstehen Risse. Bei kleinen und flachen Becken pumpt man das Wasser im Winter ab.

Elegante Verknüpfung von Becken und Kiesweg   *Becken in Dreieckform mit Platten-Einfassung*

Wege über das Wasser

Wenn man die Wasserfläche überqueren will, wird ein entsprechendes Bauwerk benötigt. Die klassische Form, eine Brücke, baut sich über der Wasseroberfläche auf und die Uferseiten dienen als Auflager. Von hier aus kann man auf das Wasser schauen und so das Treiben der Fische beobachten oder in die malerischen Rosetten der Seerosen schauen. Eine ganz flache Bauart (Bild 1) eignet sich, um den Teich an einer schmalen Stelle wie mit einem Steg von einem Ufer zum anderen zu überbrücken. Wenn sich die Brücke leicht gewölbt ohne Geländer über dem Wasser aufbaut (Bild 2), verleiht sie der Anlage ein japanisches

Flair. Die Alternative zu einer Brücke bieten Trittsteine durch seichtes Wasser. Sie reihen sich wie kleine Inseln hintereinander auf. Die mehr oder weniger großen Zwischenräume lassen einen langsamer gehen und man wird zum Schauen angeregt. Dabei kann man runde Platten (Bild 3) verwenden, um das Spiel mit geometrischen Formen zu unterstützen. Bei den eckigen, erhöht gelagerten Natursteinen in Bild 4 setzt sich der Gartenweg optisch fort, weil man dem Material treu bleibt. So kommt es zu einer Verknüpfung zwischen dem Weg und dem Übergang und zu einer Integration des Teiches in die Gesamtanlage.

Trockenen Fußes *das Wasser queren*

Bei einem räumlich begrenzten Gartenteich kann man eigentlich am Ufer entlang gehen, um von der einen Seite auf die andere zu gelangen. Meist ist er so klein, dass es fast kein Umweg ist. Wenn man aber eine Brücke oder ein paar Trittsteine vorsieht, so wird die Gestaltung spannender, zum anderen erleichtert man sich die Pflege. Wenn man mit dem Kescher mitten im Teich zum Abfangen des Herbstlaubs stehen kann, wird man aber auch merken, wie reizvoll dieser Blickwinkel ist. Auf der Brücke stehend kann man sich Tagträumen hingeben, während sich in der Wasseroberfläche die ziehenden Wolken spiegeln.

Eine Überbrückung mit Stil

Brücken im Garten fallen vor allem durch ihr Geländer auf. Zugleich geben sie Sicherheit beim Überqueren der Brücke. Anderenfalls spannt sich die Brücke dezent als gerade oder leicht gewölbte Linie über das Wasser. Der Bogen schließt sich mit seinem Spiegelbild zu einer Elipse, was ein hübsches Gestaltungsmittel darstellt. Der kleine Bogen sollte aber die Sicherheit auf der Brücke nicht beeinträchtigen, denn vor allem bei andauernder Nässe werden Holzbohlen, aus denen die meisten Brücken bestehen, rutschig. Schnelle Abhilfe kann man dadurch schaffen, dass man Kaninchendraht flach auf die Brücke nagelt. Grundsätzlich sollte man eine Breite von 60 cm für eine Brücke berechnen. An den Uferseiten brauchen Brücken ein festes Auflager. Dazu wird ein stabiles Fundament 20 bis 30 cm vom Ufer entfernt gesetzt. Es sollte etwas breiter als die Brücke und zu zwei Dritteln im Boden versenkt sein. Die Abdichtung an den Fundamentstützen muss besonders sorgfältig vorgenommen werden.

Standfestigkeit für Trittsteine

Schlichter wirken Trittsteine. Damit sie eine ausreichend große Standfläche bieten, sollten sie mindestens 0,5 m² Platz bieten. Man kann Natursteinplatten, vorgefertigte runde oder eckige Trittsteine, aber auch vorbehandelte Baumstammscheiben verwenden. Die einzelnen Trittsteine sollten nicht weiter als 40 cm auseinander liegen, damit man bequem von einem Stein zum anderen gelangt. Dagegen brauchen sich die Steine nicht in einer geraden Linie hintereinander aufzureihen. Für den Verlauf des Weges sind der Fantasie keine Grenzen gesetzt. Will man die Trittsteine mit Platten belegen, so muss man kleine Sockel auf den Teichgrund bauen. Dazu wird unter der Folie ein Fundament in ein Schotterbett gesetzt. Darüber wird die Folie und eine Polsterschicht gelegt. Die kleinen Säulen werden bis zur Wasserlinie in ein Mörtelbett gemauert und dann mit der Platte abgedeckt. Trittsteine und Baumstammscheiben ohne Sockel setzt man in ein Mörtelbett auf die Folie. Wichtig ist, dass die Materialen den dauerhaften Kontakt mit Wasser vertragen. Weicher Sandstein beispielsweise wird leicht rutschig. Weichholz verrottet durch die Feuchtigkeit schnell, wohingegen Scheiben von Harthölzern wie Eiche oder Robinie dauerhafter sind.

Die **Pflanzenwelt** des Zierteiches

Das Wasser wird nach der Tiefe in unterschiedliche Zonen eingeteilt (Buchdeckelinnenseite vorne).

Pflanzen, die im und am Wasser leben, haben sich an die Standortbedingungen angepasst. Teilweise hochspezialisiert, teils durch hohes Anpassungsvermögen haben die verschiedenen Gewächse Strategien entwickelt, um mit den ungewöhnlichen Bedingungen zurecht zu kommen. Wasser ist das Lebenselixier der Pflanzen, wobei es dann meistens in ihren Zellen vorkommt, als dass sie von ihm umgeben sind oder darin eintauchen. Bei andauernder Nässe kommt es bei Landpflanzen vor allem im Bereich der Wurzeln zu Sauerstoffmangel. Im Laufe der Evolution haben sich verschiedene Lebensformen entwickelt, um ein möglichst breites Spektrum an Standorten als Lebensraum zu erschließen. Hinsichtlich des Standortes teilt man den Teich in verschiedene Zonen ein, in denen jeweils bestimmte Pflanzen besonders gut gedeihen. Man unterscheidet die Uferzone mit wechselfeuchtem Boden, die Flachwasserzone mit bis zu 40 cm tiefem Wasser und die mittlere Wasserzone, die zwischen 40 und 80 cm tief ist. Daran schließt sich die Tiefwasserzone an. Bei der Pflanzenauswahl muss darauf geachtet werden, dass sie mit dem ihr zugedachten Standort im Einklang steht.

Ein Pflanzenteppich für das feuchte Ufer

Wenn man am Rand des Teiches eine Zone hat, die zwar über dem Wasserspiegel liegt, aber nicht durch eine Kapillarsperre vom Wasser abgetrennt ist, so wird der Boden hier dauerhaft feucht sein, sofern nicht das Wasserniveau deutlich sinkt. Hier findet man eine ganze Reihe von typischen Stauden mit bodenbedeckendem Cha-

Schönheiten für den feuchten Uferbereich

1 Sumpfcalla
(Calla palustris)

An halbschattigen bis schattigen Plätzen gedeiht die auch als Schlangenwurz bekannte Sumpfcalla. Die Pflanzen mit den kräftig gestielten Blättern werden etwa 20 cm hoch. Die eigentlichen Blüten sind unscheinbar. Ein großes, reinweißes Hochblatt, das um die kolbenförmige Blüte steht, leuchtet jedoch kräftig. Ein humoser, saurer Boden ist ideal für das Wachstum. Die Sumpfcalla verträgt eine Wassertiefe zwischen 5 und 10 cm.
Pflege Bei der Pflanzung werden die Rhizome flach in die Erde am Ufer gelegt. Mit einem Stein werden sie beschwert. Nach dem Einwurzeln breiten sich die Rhizome aus und bilden einen dichten Bestand.
Bemerkung Besonders hübsch sind auch die Fruchtstände mit roten Beeren, die jedoch giftig sind.

rakter. Sie treiben Ausläufer, die dort Wurzeln bilden, wo sie Kontakt mit dem Erdreich haben. Dieses hat den Vorteil, dass sie helfen, das Erdreich zu befestigen, damit es nicht ins Wasser abgetragen wird. Zu diesen Schönheiten zählen das Pfennigkraut (*Lysimachia nummularia*), der Teppich-Knöterich (*Bistorta affinis*) und der Günsel (*Ajuga reptans*). Nicht ganz so stark ist der Ausbreitungsdrang der Stauden, die kleine Kissen bilden. Zu ihnen zählen die Sumpf-Dotterblumen (*Caltha palustris*) ebenso wie die Gauklerblumen (*Mimulus*), das Sumpf-Vergissmeinnicht (*Myosotis palustris*) und die verschiedenen Primeln (*Primula*-Arten und -Sorten). Man trifft in dieser Zone auf viele Bekannte des Sumpfes, die die einzigartige Farbenpracht auch den Sommer hindurch unterstützen. Scharfer Hahnenfuß (*Ranunculus acris*) und Trollblumen (*Trollius europaeus*) gehören ebenso dazu wie die blaublühenden Jakobsleitern (*Polemonium caeruleum*) und Dreimasterblumen (*Tradescantia × andersoniana*). Auch Gräser kommen am feuchten Ufer groß heraus, denn Seggen (*Carex*) und Pfeifengras (*Molinia caerulea*) bauen ihre Horste prachtvoll auf.

Blütenpracht aus der Zwiebel

Im Uferbereich sind eine ganze Reihe von Zwiebelpflanzen zuhause, die sich zwischen den Stauden ausbreiten und die Bepflanzung ergänzen. Leichtigkeit bringen beispielsweise Frühlings- und Sommerknotenblume (*Leucojum vernum, L. aestivum*) ins Spiel. Eine Rarität sind die interessant gemusterten Schachbrettblumen (*Fritillaria meleagris*). Damit diese Pflanzen dauerhaft dem Sumpf erhalten bleiben, darf man keine Blüten abpflücken und verwelktes Laub erst entfernen, wenn es vergilbt und trocken geworden ist. Ansonsten würden die Pflanzen komplett absterben.

---

2 Houttuynie
(*Houttuynia cordata*)

Die Staude für das feuchte Ufer bereichert im asiatischen Kulturkreis als Gemüse und Küchenkraut den Speiseplan. Sie ist heimisch in dem Gebiet zwischen Himalaya und Japan. In unseren Wassergärten besiedeln die Bodendecker die halbschattigen, geschützten Bereiche. Die herzfömigen Blätter sind sehr markant. Unterirdisch wachsende Rhizome bilden einen dichten Teppich. Im Juni erscheinen die kleinen, ährenförmigen Blüten mit ihren weißen Hochblättern.
Pflege Die Pflanzen sollten nicht zu dicht gepflanzt werden. Im Herbst sollten die Pflanzen mit einer Reisigdecke geschützt werden.
Bemerkung Es gibt verschiedene Sorten mit auffälliger Herbstfärbung. Sie heißen 'Chamaeleon' und 'Tricolor'. 'Plena' hat dichte Hochblätter.

3 Teppich-Wiesenknöterich
(*Bistorta affinis*,
Syn. *Polygonum affine*)

Dichte Matten bildet dieser Knöterich am Ufer, wobei die Pflanzen durchaus auch am trockenen Ufer üppig gedeihen. Über den Blättern stehen etwa 20 cm hoch die Ähren mit den rosaweißen Blüten, die sich im Verblühen rot färben. Dadurch wirken die Teppiche immer sehr lebendig.
Pflege Da die Pflanzen einen enormen Ausbreitungsdrang haben, sollte man die Pflanzabstände ausreichend groß wählen. Werden die Polster unschön, kann man sie im Frühjahr kräftig zurückschneiden. In warmen Sommern können die Polster von Spinnmilben befallen werden.
Bemerkung Es gibt verschiedene Sorten von *Bistorta affinis*. Besonders reich blüht 'Superbum' in einem kräftigen Rosaton.

4 Etagen-Primel
(*Primula bulleyana*)

Aus Asien stammt die Etagen-Primel mit den orangefarbenen Blüten. Die Pflanzen gedeihen auf feuchten Böden mit einem Wasserstand bis 5 cm. Die frischgrünen, typischen Primelblätter bilden Rosetten, in deren Mitte im Juni und Juli die kräftigen Blütenstängel stehen. Sie werden bis zu 60 cm hoch. Durch Aussaat vermehren sich die Pflanzen selbst.
Pflege Vorzugsweise sollten die Etagen-Primeln im Frühling gepflanzt werden, da die Jungpflanzen zum Teil frostempfindlich sind. Zur Selbstaussaat sollten die Blütenstiele lange stehen bleiben und man sollte den Boden nicht bearbeiten.
Bemerkung Unter *P. × bulleisiana* werden verschiedene Rassen von Etagen-Primeln zusammengefasst, die aus der Kreuzung von *P. bulleyana × P. beesiana* hervorgegangen sind.

Flachwasser: gut für elegante Blütenpflanzen

Während Flächenausdehnung und Ausgestaltung der feuchten Uferzone abhängig von der Bauart des Teiches sind, sollte jeder Teich eine Flachwasserzone besitzen. Diese Zone hat einen Wasserstand zwischen 10 und 40 cm. Nun kann es natürlich sein, dass man einen Teich mit senkrecht nach unten fallenden Wänden hat. In einem solchen Zierteich gibt es die Flachwasserzone nicht. Mit Hilfe von Steinen oder Quadern lassen sich aber kleine Podeste bauen, sodass man auch für die Pflanzen dieser Zone einen passenden Platz auswählen und auf die dekorativen Klassiker dieses Standortes zurückgreifen kann. Wer es blumig liebt, der wird eine Schwanenblume (*Butomus umbellatus*) als grazile Schönheit einbringen. Aber auch der filigran weiß blühende Fieberklee (*Menyanthes trifoliata*) und das blau blühende Hechtkraut (*Pontederia*-Arten) fühlen sich in der geringen Wassertiefe wohl. Allerdings darf man nicht außer Acht lassen, dass manche dieser Schönheiten auch stark wuchern und ähnlich wie der Kalmus (*Acorus calamus*) und der Wasser-Schwaden (*Glyceria maxima*) im kleinen Teich zu üppig wachsen. Wer gerne mit frischen Kräutern aus dem Garten kocht, wird Brunnenkresse (*Nasturtium officinale*) in diesem Bereich pflanzen.

Laubschmuck sorgt für harmonische Abwechslung

Für die Gestaltung sollte man aber nicht nur dem Blütenschmuck Aufmerksamkeit schenken, sondern auch Färbungen und Formen der Blätter berücksichtigen. Schlanke, grafische Strukturen bringen die Simsen ins Spiel. Zudem schmücken sich die Gestreifte Teichsimse (*Schoenoplectus lacustris* 'Albescens') und die Zebra-Teich-

Raffiniert und pflegeleicht in der Flachwasserzone

1 Schwanenblume
(Butomus umbellatus)

Die heimische Schönheit wird mit ihren Blüten fast einen Meter hoch. Die Blütenstiele stehen zwischen den grasartigen Blättern, die dichte Horste bilden. Die rosafarbenen bis weißen Blüten bilden lockere Dolden. Die Hauptblütezeit ist im Juli. Hinsichtlich des Standortes ist die Schwanenblume tolerant. Sie verträgt sowohl sonnige als auch schattige Plätze bei einem Wasserstand von maximal 20 cm Tiefe.
Pflege Die Pflanzen sind robust und vertragen einen kräftigen Rückschnitt, wenn sie zu dicht oder unansehnlich werden. Durch Teilung kann man die Pflanze im Frühjahr leicht vermehren.
Bemerkung Bei einer reichen Blüte kann man sich den einen oder anderen Blütenstiel abschneiden und in die Vase stellen.

2 Goldkeule
(Orontium aquaticum)

Markant sind die Blüten dieser Pflanze: Auf einem weißen Stiel stehen die goldgelben Kolben. Die Blüten ragen deutlich hoch, während die Blätter eher flach auf dem Wasser liegen. Sie sind breit lanzettlich. Die Blüte wird bis zu 40 cm hoch und erscheint zwischen Mai und Juni. Der Standort sollte dann einen Wasserstand von 10 bis 15 cm Tiefe haben.
Pflege Die Goldkeule kann als Solitär und als kleine Gruppe gepflanzt werden. Sie sollte frei stehen, damit sich die elegant geschwungenen Blüten ungestört ausbreiten können. Im Herbst muss man die Pflanzen schützen. Daher setzt man sie in Pflanzkörbe und rückt diese im Herbst in das tiefere Wasser.
Bemerkung Die Goldkeule braucht einen tiefgründigen Wurzelraum und reichlich Nährstoffe.

3 Pfeilkraut
(Sagittaria latifolia)

Unterirdisch bildet das Pfeilkraut Knollen, mit denen die Pflanzen den Winter überstehen. Im Frühling treiben die kräftigen Blätter aus. Sie werden gut 50 cm hoch. Dazwischen erscheinen zwischen Juli und September die Blütenstängel mit großen weißen Einzelblüten. Es bevorzugt sonnige bis halbschattige Plätze mit einem Wasserstand von bis zu 30 cm.
Pflege Die Knollen werden ins Flachwasser gelegt und mit Kies bedeckt, damit sie nicht auftreiben. Im Herbst, spätestens im Frühling sollte man die Pflanzen zurückschneiden. Die Pflanzen breiten sich bei gutem Nährstoffangebot stark aus. Gegebenenfalls entfernt man Teile.
Bemerkung Das Pfeilkraut bildet Ausläufer und an diesen entstehen im Laufe der Entwicklung kleinere Tochterknollen.

simse (*Schoenoplectus tabernaemontani* 'Zebrinus') mit hellen Streifen. Weißgrüne Blätter sind auch das Markenzeichen des bunten Wasser-Schwadens (*Glyceria maxima* 'Variegata'). Mitunter mischen sich sogar noch zarte Rosatöne in die weißen Bereiche. Das Pfeilkraut (*Sagittaria latifolia*) schiebt seine pfeilförmigen Blätter spitz aus dem Wasser und betont die aufrecht strebenden Linien, während sich die Blätter kleiner Seerosen-Arten (*Nymphaea*-Arten und -Sorten) flach auf der Wasseroberfläche ausbreiten und einen Gegenpol in der Horizontalen bilden.

Extravagante Formen für den Soloauftritt

Nun kann man im Teich nicht immer mit einer bunten Pflanzenmischung aufwarten. Der Platz ist das leidige Thema. Umso wichtiger ist es aber, dass man mit den Pflanzen auch einmal einen Überraschungscoup landet. Die Goldkeule (*Orontium aquaticum*) mit ihren schlauchförmigen Blütenkolben erfüllt diese Anforderung ebenso wie der Igelkolben (*Sparganium erectum*) mit seinen grünen Blütenständen, die an kleine Morgensterne erinnern. Auf Interesse stößt auch der Tannenwedel (*Hippuris vulgaris*), der namensgemäß mit den typischen Formen von Koniferen spielt und seine Quirle vom Grund bis über die Oberfläche des Wassers hinaus nach oben schickt.

TIPP

Wussten Sie, dass...

...man stark wuchernde Pflanzen der Flachwasserzone wie Hechtkraut (*Pontederia*) und Zwerg-Schilf (*Phragmites australis* var. *humilis*) „zähmen" kann? Man stellt die Pflanzen nicht auf den Teichgrund, sondern pflanzt sie in Körbe, die den durchwurzelbaren Raum für die Pflanzen stark eingrenzen.

4 **Ästiger Igelkolben**
(Sparganium erectum)

Wenn sich aus den unscheinbaren Blüten des Igelkolbens die stacheligen Früchte gebildet haben, wird diese Wasserpflanze zu einem besonderen Blickfang. Die Pflanzen werden zwischen 70 und 100 cm hoch und bevorzugen sonnige bis halbschattige Plätze. Der Igelkolben ist mehrjährig und breitet sich mit Hilfe von Rhizomen aus.
Pflege Der Igelkolben zählt zu den pflegeleichten Wasserpflanzen. Beim Pflanzen sollte man darauf achten, dass man die Pflanzen in einen nährstoff- und kalkreichen Boden setzt. Im Frühjahr werden die Blätter zurückgeschnitten. Dichte Bestände werden durch Teilung dezimiert.
Bemerkung Schneiden Sie die Früchte im Herbst rechtzeitig ab, damit sich die Pflanzen nicht durch Aussaat noch zusätzlich vermehren.

Die Königin des Wassers: die Seerose

Die Blüten-
schalen der
Seerosen schei-
nen auf dem
Wasser zu
schweben.

Die rosettenartig geformten Blütenkelche der Seerosen (*Nymphaea*) zählen zu den Highlights im Gartenteich. Die ersten Blüten erscheinen im Mai und je nach Sorte setzt sich das bunte Treiben fort bis in den Herbst. Die Einzelblüte hält mehrere Tage, bei mancher Sorte sogar bis zu einer Woche. Kaum eine Wasserpflanze bringt soviel Farbe in die Gestaltung wie die Seerosen. Die heimischen Vertreter dieser Gattung – zum Beispiel die Weiße (*Nymphaea alba*) und die Glänzende Seerose (*Nymphaea candida*) – zeigen dezente Blütenfarben. Durch intensive Züchtung verwandelte sich das Repertoire der winterharten Seerosen in eine farbenprächtige Palette von Weiß über Gelb, die verschiedensten Rosatöne und zarte bis kräftige Lachsfarben bis hin zu kräftigem Rot. Weitere Variationen kommen durch die Form der Blüten ins Spiel. Sind die Blütenblätter schmal, so erscheinen die Blüten stern- oder strahlenförmig. Bei breiten kurzen Blütenblättern entstehen kugel- und schalenförmige Blüten, während die langen und breiten Blütenblätter tulpen- und tassenförmige Kelche bilden. Der Blütendurchmesser variiert von nur wenigen Zentimetern bis hin zu 30 cm großen Schalen. Die Blüten sitzen auf kräftigen Stielen. Bei vielen Sorten schwimmen die Blüten auf der Wasseroberfläche, sofern sie in der richtigen Wassertiefe stehen. Sorten wie 'Rose Arey' stellen ihre Blüten aber auch schon mal deutlich über den Wasserspiegel.

Seerosen-Variationen

Seerosen mit weißen, gelben und lachsfarbenen Blüten

Art/Sorte	Wassertiefe	Blütenfarbe / Besonderheiten
N. alba (Weiße Seerose)	ab 70 cm	weiß / duftende Blüten
N. candida (Glänzende Seerose)	30–60 cm	weiß / robust
'Chrysantha'	20–40 cm	gelb, apricot, rot / wechselt die Farbe
'Colonel A. J. Welch'	60–100 cm	schwefelgelb / Blüten über dem Wasser
'Graziella'	20–40 cm	orange, rosa gelb / zarter Duft
'Gonnère'	40–70 cm	weiß / gefüllte Blüten
'Hermine'	40–70 cm	weiß / frühe Blüte, für Halbschatten geeignet
'Indiana'	20–40 cm	rosa, gelb, orange / wechselt die Farbe
'Joey Tomocik'	60–100 cm	kräftiges Gelb / auffällig
'Marliacea Albida'	50–80 cm	weiß / zarter Duft, stark wüchsig
'Marliacea Chromatella'	50–100 cm	hellgelb / großblumig
'Moorei'	40–80 cm	gelb / duftende Blüten
Nymphaea odorata 'Sulphurea'	40–70 cm	goldgelb / Blüten über dem Wasser
N. tetragona	10–30 cm	weiß / Blütendurchmesser zwischen 2 und 5 cm
Nymphaea tuberosa 'Pöstlingberg'	ab 80 cm	weiß / sehr wüchsig, großblumig
'Sioux'	50–70 cm	gelb, orange, rot / wechselt die Farbe

Hinsichtlich der Wüchsigkeit werden die Seerosen in fünf Gruppen unterteilt. Die sehr stark wachsenden Seerosen benötigen 3–4 m² pro Pflanze, die stark wüchsigen etwa 2–3, und mittelstark wachsende Seerosen kommen mit 1–2 m² aus. Während die kleinwüchsigen Seerosen etwa einen 1 m² Fläche einnehmen, brauchen die Zwerg-Seerosen noch nicht mal 0,5 m² Platz.

Der optimale Standort garantiert eine reiche Blüte

Ein sonniger Standort gehört zu den wichtigen Standortbedingungen. Vor allem die von *Nymphaea mexicana* abstammenden Sorten zählen zu den Sonnenanbetern. In dem breit gefächerten Sortiment entdeckt man Sorten wie 'Marliacea Rosea' und 'Hermine', die mit halbschattigen Plätzen zurecht kommen. Auch bei schlechtem Wetter kann man bei der robusten *Nymphaea odorata* 'Fire Crest' sowie den Hybriden 'Froebeli' und 'Laydeckeri Purpurata' mit Blüten rechnen.

Tipps für die Auswahl und den Einkauf der Seerosen

Da es unzählige Sorten gibt, die sich nicht nur durch Blütenfarben und -formen, sondern auch durch Wüchsigkeit und Blühverhalten unterscheiden, empfiehlt es sich, beim Einkauf nicht nur nach einer Farbbezeichnung zu gehen, sondern sortenreine Pflanzen zu wählen. Suchen Sie eine Fachgärtnerei für Wasserpflanzen auf. Hier ist mit hoher Wahrscheinlichkeit gewährleistet, dass Sie die Pflanze kaufen, die Sie sich vorstellen oder in einer Schaupflanzung vorbildlich fanden.

Seerosen mit rosa und roten Blüten

Art / Sorte	Wassertiefe	Blütenfarbe / Besonderheiten
'Attraction'	70–100 cm	karminrot
'Berthold'	30–50 cm	hellrosa / breitet sich schwach aus
'Charles de Meurville'	50–100 cm	weinrot / großblumig, lange Blühdauer
'Escarboucle'	50–100 cm	rubinrot / lange Blühdauer
'Fabiola'	40–70 cm	kräftig rosa / reichblühend, Blüten duftend
'Fire Crest' (*Nymphaea odorata*)	40–70 cm	dunkelrosa / blüht auch bei schlechtem Wetter
'Fritz Junge'	80–100 cm	pfirsichrosa / abends lange geöffnet
'James Brydon'	40–70 cm	kirschrot / für halbschattige Plätze
'Laydekeri Lilacea'	30–50 cm	lilarosa / Blüten duftend
'Laydekeri Purpurata'	30–50 cm	karmesinrot / blüht auch bei schlechtem Wetter
'Mme. Maurice Laydeker'	30–60 cm	kirschrot / reichblühend, gefleckte Blätter
'Marliacea Rosea'	50–100 cm	zartrosa / für halbschattige Plätze
'Maurice Laydeker'	20–40 cm	rosarot / ähnlich wie 'Mme. Maurice Laydeker'
'Pink Sensation'	40–70 cm	hellrosa / gefüllte Blüten
'Rose Arey'	40–80 cm	lachsrosa / Blüten stehen über dem Wasser
'William Falconer'	30–60 cm	rubinrot

Schönheiten der **Tiefwasserzone**

Die Zone des tiefen Wassers wird auch die Seerosenzone genannt.

Ab einem Wasserstand von 60 cm redet man von der Tiefwasserzone. In diesem Bereich trifft man vor allem auf Schwimmpflanzen, die ihre Stängel und Blätter frei im Wasser treiben lassen. Zu dieser Gruppe zählt beispielsweise der Froschbiss (*Hydrocharis morsus-ranae*). Schwimmblattpflanzen, die mit ihren Wurzeln Halt im Boden des Wassergartens finden, besiedeln ebenfalls die Tiefwasserzone. Die Triebe beziehungsweise Blattstiele wachsen so lange, bis die Blätter an die Wasseroberfläche reichen. So kennt man es von den bereits auf Seite 72 f. beschriebenen Seerosen (*Nymphaea*), aber auch von Teichmummeln (*Nuphar*). In die Tiefwasserzone gehören aber auch die Unterwasserpflanzen, die auf dem Teichgrund wurzeln, wie etwa das Hornkaut (*Ceratophyllum*), oder frei driftend in tieferen Wasserzonen vorkommen wie der Gewöhnliche Wasserschlauch (*Utricularia vulgaris*).

Wichtige Aufgaben der Schwimm- und Schwimmblattpflanzen

Wenn sich die Blätter von Teichmummel (*Nuphar lutea*) und Wasser-Knöterich (*Persicaria amphibia*) auf die Wasseroberfläche legen, so präsentieren sie nicht nur ihre Schönheit, sondern sie übernehmen eine wichtige Aufgabe für die Teichanlage: Sie spenden Schatten. So wird verhindert, dass sich das Wasser stark aufheizt und die unerwünschte Massenentwicklung der Algen wird im Zaum gehalten. Allerdings brauchen diese Pflanzen meist auch viel Platz, um zu gedeihen. Daher sollte man sich auf einzelne, ausgewählte Arten beschränken, von deren Schönheit man überzeugt ist. So bekommen die Unterwasserpflanzen ausreichend Licht.

Tauchende Schönheiten im tiefen Wasser

1 Wasserfeder
(*Hottonia palustris*)

Der deutsche Name dieser heimischen Unterwasserpflanze leitet sich von den sehr fein gefiederten Blättern ab, die wie Federn wirken. Über dem Wasser stehen im Mai und Juni die quirlförmigen Blütenstände mit auffälligen, zartrosafarbenen Blüten. An den Standort stellt die Wasserfeder besondere Ansprüche: Sie verträgt ausschließlich kalkfreies Wasser und bevorzugt niedrige Wassertemperaturen. Die für das Wachstum erforderliche Wassertiefe liegt zwischen 5 und 40 cm.
Pflege Man sollte darauf achten, dass die Pflanzen nicht von stark wuchernden Nachbarn in Bedrängnis gebracht werden.
Bemerkung Wasserfedern gehören in die Gruppe der geschützten Pflanzen. Ihre Blätter sind ein idealer Schutzraum für zahlreiche Tiere.

Die Welt der Unterwasserpflanzen

Die Gewächse, die unter der Wasseroberfläche angesiedelt sind, übernehmen die Aufgabe der Nährstoffreduzierung im Teich. Arten wie Wasserfeder (*Hottonia palustris*) und Tausendblatt (*Myriophyllum*-Arten) können dem Wasser große Mengen von Nährstoffen entziehen. So sind auch diese Pflanzen eine Konkurrenz für die Algen. Man darf nicht außer Acht lassen, dass dieser enorme Verbrauch auch mit einem ebenso enormen Wachstum einhergeht. Daher sollte man diese Pflanzen regelmäßig ausdünnen. Fischen Sie also die Triebe mit einem Kescher vorsichtig aus dem Wasser heraus und kompostieren Sie sie.

Was die optische Bereicherung für den Wassergarten betrifft, so bleibt das Aussehen der meisten Arten im Verborgenen. Nur einige Unterwasserpflanzen machen tatsächlich auf sich aufmerksam, indem sie ihre Blüten über die Wasseroberfläche hinaus wachsen lassen. Der Wasserschlauch (*Utricularia vulgaris*) beispielsweise präsentiert seine gelben Blüten an langen rötlichen Stängeln. Die Blicke zieht auch die Wasserfeder (*Hottonia palustris*) im Frühsommer auf sich. Hellrosa Blüten mit einer goldgelben Blütenmitte stehen in Quirlen an kräftigen Stängeln, die zwischen 10 und 20 cm hoch aus dem Wasser ragen.

Wussten Sie, dass...

...die Wasserpest (*Elodea canadensis*) ihrem Namen alle Ehre macht? Die aus Nordamerika stammende Unterwasserpflanze hat einen so starken Ausbreitungsdrang, dass sie selbst in weitläufigen Binnenseen ein großes Problem darstellt. Setzen Sie diese Pflanzen besser nicht in Ihren Wassergarten.

TIPP

2 Wasser-Knöterich
(*Persicaria amphibia*
Syn. *Polygonum amphibium*)

Wenn man die rosafarbenen Blütenähren über der Wasseroberfläche stehen sieht, ist die Familienzugehörigkeit dieser Schwimmblattpflanze unverkennbar. Die Blätter liegen flach auf dem Wasser. Ideal für die Pflanzen sind Wassertiefen ab 30 cm. Allerdings wächst der Wasser-Knöterich auch in flacheren Bereichen, hier kann er sich aber durch seinen starken Ausbreitungsdrang unbeliebt machen.
Pflege Die Pflanzen sind sehr anspruchslos und robust. Sie kommen ohne besondere Pflegemaßnahmen aus.
Bemerkungen Um den kräftigen Wuchs und Ausbreitungsdrang zu bändigen, setzt man die Pflanzen unbedingt in Gitterkörbe, die man auf kleine Steinsockel stellt.

3 Schwimmendes Laichkraut
(*Potamogeton natans*)

Diese Schwimmblattpflanze hat sowohl schmale Unterwasserblätter als auch länglich ovale Schwimmblätter. Sie tragen eine grünrote Farbe. Die Blüten sind weniger auffällig: Ab Juni zeigen sich die weißlichen Ähren über der Wasseroberfläche. Die Pflanze verträgt nährstoffarme Plätze in der Sonne oder im Halbschatten. Ideal sind Wassertiefen zwischen 60 und 120 cm.
Pflege Die Pflanzen breiten sich kräftig aus und sollten daher unbedingt in Gefäße gesetzt werden.
Bemerkungen Alle anderen Arten des Laichkrautes zählen zu den Unterwasserpflanzen. Bekannt ist neben dem Glänzenden Laichkraut (*Potamogeton lucens*) vor allem das Krause Laichkraut (*Potamogeton crispus*), das durch seine stark gewellten Blätter auffällt.

4 Wasserschlauch
(*Utricularia vulgaris*)

Mit seinen kleinen Fangbläschen an den Blättern erbeutet der Wasserschlauch kleine Wassertiere und führt sie seinem Stoffwechsel zu. Die Ranken breiten sich wurzellos unter Wasser aus und im Sommer erscheinen über dem Wasser 10 cm hohe Stiele mit gelben Blüten. Bei einer Wassertiefe zwischen 30 und 50 cm benötigt die Pflanze weiches Wasser, um problemlos zu gedeihen.
Pflege Fühlt sich die Pflanze wohl, breitet sie sich aus und muss gelegentlich ausgelichtet werden. Bei stark wachsenden Nachbarn zieht sich der Wasserschlauch zurück. Zur Vermehrung trennt man Triebe ab und versenkt sie wieder.
Bemerkungen Der Wasserschlauch breitet sich selbst durch kleine Knospen aus. Sie fallen in den Schlammboden und entwickeln sich weiter.

Exotisches in und auf dem Wasser

Die Exoten sind in unseren Breiten nicht winterhart.

Die wärmeliebenden Pflanzen aus südlichen Gefilden finden bei den Teichbesitzern großen Anklang. An erster Stelle steht die Muschelblume, die auch als Wassersalat (*Pistia stratiotes*) bekannt ist. Zwar sind die Blüten klein und unscheinbar, aber die hellgrünen Blattrosetten, die auf der Wasseroberfläche schwimmen, zieren ungemein. Die Wasserhyazinthe (*Eichhornia crassipes*), die ebenfalls rosettenförmig angeordnete Blätter hat, sorgt mit ihren blauen Blüten für Aufmerksamkeit. Allerdings muss man ihr mit 20°C wirklich warmes Wasser bieten, damit man ihre auffälligen Scheinähren zu sehen bekommt.

Nützliche exotische Gewächse

Im Gefüge eines Wassergartens können diese Schwimmpflanzen gute Dienste hinsichtlich der Wasserreinheit leisten. Zum einen beschatten sie die Wasseroberfläche, wodurch sich das Wasser langsamer erwärmt. So wird das Algenwachstum zunächst gedrosselt. Außerdem bieten sie Plätze, an denen sich die Tiere des Wassers verstecken können. Zum anderen wachsen die Pflanzen rasch, wenn sich das Wasser erwärmt. So bekommen die von jedem Teichliebhaber gefürchteten Algen Konkurrenz. Sie verbrauchen große Mengen an Nährstoffen. Neben den Nährstoffen werden Schadstoffe verstoffwechselt und dadurch die Wasserqualität verbessert. Ein weiterer Vorteil dieser Pflanzen beruht auf der Sauerstoffanreicherung im Wasser. Durch die Photosynthese produzieren die Pflanzen mehr Sauerstoff, als sie für ihren eigenen Bedarf benötigen. So kommt es zu einem Überschuss, der dem Wasser

Schwimmende Schönheiten, die nicht winterhart sind

1 Feenmoos, Großer Algenfarn
(Azolla filiculoides)

Das Feenmoos, einer der wichtigsten Konkurrenten für Algen, bildet unregelmäßige, durch die Behaarung rauh wirkende Blättchen. Sie sind olivgrün mit einer unregelmäßigen Rotfärbung. Blüten bildet die 2 bis 3 cm hohe Pflanze nicht. Sie bevorzugt sonnige Teiche, die mindestens 30 cm tief sein sollten.
Pflege Zum Überwintern reicht es, eine Hand voll Feenmoos in eine flache Schale mit Wasser zu geben. Diese überwintert man an einem hellen und kühlen Platz.
Bemerkung Das Feenmoos kann bei optimalen Bedingungen rasch wachsen. Stehen die Pflanzen zu dicht, muss man sie abfischen, damit die Lichtsituation in den tieferen Zonen des Teiches nicht beeinträchtigt wird. Im Schatten wächst das Feenmoos weniger stark.

2 Wasserhyazinthe
(Eichhornia crassipes)

Zwischen den dicken, mattglänzenden Blättern bilden sich die Scheinähren mit den hellvioletten, teilweise fast weißen Blüten. Die Pflanzen bilden Rosetten, die frei im Wasser treiben. Sonnig warme Teiche mit einer Tiefe von mindestens 30 cm werden von den 25 bis 40 cm hohen Wasserhyazinthen bevorzugt. Die Blüte erscheint nur, wenn die Temperaturen ausreichend hoch sind.
Pflege Nur im Winter muss man sich um die Pflanzen kümmern, denn das Wasser aus den Überwinterungsgefäßen verdunstet und muss regelmäßig nachgefüllt werden.
Bemerkung Wenn das Wasser sehr nährstoffreich ist, fühlt sich die Wasserhyazinthe wohl. Sie bildet seitlich Tochterpflanzen und wächst so zu einem dichten Teppich aus Blättern heran.

3 Australisches Tausendblatt
(Myriophyllum propinquum)

Diese nicht winterharte Unterwasserpflanze sorgt für eine erhöhte Sauerstoffkonzentration im Wasser. Die zarten Triebe werden bis zu 1 m lang und sitzen voller nadelförmiger Blätter. Die Triebspitzen ragen aus dem Wasser. Zwischen Juli und September tragen sie zartrosafarbene Blütenähren. Ein sonniger bis halbschattiger Standort wird bevorzugt. Das Tausendblatt eignet sich für Teiche mit einer Wassertiefe zwischen 30 und 60 cm.
Pflege Es ist kaum Pflege notwendig. Die Pflanzen lassen sich leicht vermehren, in dem man Seitentriebe abtrennt und sie ins Wasser setzt. Zum Überwintern werden einige Triebe in Eimer mit Wasser gesetzt.
Bemerkung Eine beliebte Art, die nicht blüht, ist die Papageienfeder (*Myriophyllum aquaticum*).

zugute kommt. Eine filigrane, Sauerstoff spendende Pflanze ist die Papageienfeder (*Myriophyllum aquaticum*). Sie wächst in etwa 60 cm Wassertiefe und ragt teilweise mit den Triebspitzen aus dem Wasser.

Die Überwinterung der Exoten

Im Spätsommer muss man einige Exemplare der nicht winterharten Wasserpflanzen aus dem Teich nehmen. Man setzt sie in Gefäße mit einer lehmig-humosen Erdschicht und Wasser, um die Nährstoffversorgung sicher zu stellen. An einem hellen Platz werden sie bei Temperaturen zwischen 15 und 20 °C überwintert. Die restlichen Pflanzen sollten aus dem Teich herausgefischt und kompostiert werden. Erst wenn sich das Wasser im Frühling deutlich erwärmt, kann man die überwinterten Pflanzen wieder in den Teich setzen.

Eine besondere Schwimmtechnik

Feine Haare auf den Blättern lassen Wassertropfen leicht abperlen und die Pflanzen auch bei starkem Regen an der Wasseroberfläche schwimmen. Dieser Mechanismus kann bei Feenmoos (*Azolla filiculoides*), Wassersalat (*Pistia stratiotes*) und Schwimmfarn (*Salvinia natans*) beobachtet werden und führt auch zu interessanten Bildern. Die Wasserhyazinthe (*Eichhornia crassipes*) hält sich dagegen mit Hilfe von Luftpolstern an der Oberfläche. Diese entstehen an der Basis der Blattstiele und sind durch Verdickungen zu erkennen. Meist sitzen die Pflanzen allerdings so dicht, dass diese Stellen vom Laub verdeckt werden. So geben sich die Exoten untereinander Halt, da sie nicht mit den Wurzeln im Teichboden verankert sind.

4 Schwimmfarn
(*Salvinia auriculata*)

Die kleinen, etwa 1,5 cm langen Schwimmblätter bilden auf der Wasseroberfläche dichte Teppiche, die zwischen 3 und 5 cm hoch sind. Die Pflanzen breiten sich an ruhigen Wasserstellen in sonnigen bis halbschattigen Bereichen gut aus. Schwimmfarn eignet sich für eine Wassertiefe zwischen 5 und 50 cm.
Pflege Bei starker Ausbreitung sollten einige Pflanzen aus dem Wasser genommen werden. Im Herbst werden Pflanzen mit Sporenkapseln in flache Wasserschalen gesetzt. Zur Überwinterung eignet sich ein kalter, heller Platz.
Bemerkung Schwimmfarn hat kurze Sprosse mit zwei Schwimmblättern und einem fadenförmig zerteilten Blatt an jedem Knoten. Letzteres übernimmt die Funktion der Wurzel und trägt die Sporenbehälter.

Teiche im **Miniformat**

Zwei stufenförmig angeordnete Wasserbecken

Wasser bereichert die Gartenatmosphäre, sodass man selbst in einem kleinen Garten oder gar einem Gartenhof nicht auf diese Annehmlichkeit verzichten möchte. Da hier jedoch wenig Platz zur Verfügung steht, braucht man für die Anlage des Teiches pfiffige Ideen, um das nasse Element in die Gestaltung einzubinden. Im Zentrum des Gartens wirkt er als Blickfang. An den Rändern, beispielsweise in Anlehnung an eine Mauer oder die Hauswand, trägt der kleine Teich zur Bereicherung und Auflockerung der Strukturen bei. Als besonders angenehm empfindet man einen Teich in der Nähe eines Sitzplatzes. Nahe der Terrasse kann man den Tanz der Libellen beobachten und profitiert von der Verbesserung des Kleinklimas. Natürlich kann man auch überlegen, den Bereich des Rasens durch den Gartenteich mit angrenzendem Platten- oder Kiesbelag zu ersetzen und sich so das regelmäßige Rasenmähen zu sparen. Bekommt man alle Ideen nicht unter einen Hut, dann könnte man einen Gartenraum abtrennen und ganz unter dem Aspekt des kleinen Wassergartens gestalten. Man sollte hier genügend Raum für einen Sitzplatz zum Genießen einplanen.

Formale Gestaltungen mit kleinen Wasserbecken

Geometrische Grundformen wie ein Quadrat oder ein Kreis unterstreichen ein architektonisches Motto der Gesamtanlage. Ein kleiner Garten wird häufig in Vierecke unterschiedlicher Größe unterteilt, um verschiedene Bereiche voneinander abzugrenzen. Auch das Spiel mit runden Formen gibt den einzelnen Gartenelementen Zusammenhalt. Ein kreisrunder Gartenteich fügt sich perfekt ein. Außerdem werden die Formenspiele durch die Randgestaltungen und Wege, die um das Wasserbecken herum angelegt werden, zusätzlich betont.

Die benötigte Wassermenge für einen kleinen Teich hält sich in Grenzen, sodass man nicht zwangsläufig darauf angewiesen ist, die Ränder in Höhe des Erdreichs abzuschließen. Der kleine Teich kann auch seitlich bis zu 50 cm hoch über dem Erdniveau angelegt werden. So bekommt die Grundform eine größere Bedeutung innerhalb der Gestaltung und entstehende kleine Sockel werden gerne zum Hinsetzen am Wasserrand genutzt.

Man kann kleine Teiche auch als Lichtfänger und gestalterischen Ruhepol in der Gesamtgestaltung verstehen. Im flachen, rechteckigen Teich im Zentrum einer Rasenfläche spiegeln sich tagsüber die ziehenden Wolkenbilder, später der helle Abendhimmel und nachts das Mondlicht in der spiegelglatten Wasseroberfläche.

Die Spiegelbilder geben ihm eine raffinierte Wirkung und sorgen für Abwechslung im persönlichen Album der Gartenbilder.

Besonderheiten beim Bau eines kleinen Gartenteiches

Bei einem Wasserbecken für den kleinen Garten verzichtet man in der Regel auf den wechselfeuchten Sumpfbereich, da sich hier nur selten eine optimale Wachstumssituation für die Pflanzen einstellt, der Teich seitlich viel zu leicht verschlammt und die Wassertiefe noch geringer wird. Für kleine Gartenteiche, die bündig im Boden versenkt werden, kann man als Becken große Speißfässer nehmen, wobei die Gestaltung der Ränder nicht leicht ist. Einfacher ist es, die Form des Teiches zu mauern und die Seiten hoch zu ziehen. Der Boden des Teiches bekommt ein Betonfundament. Die Seiten werden mit Hilfe von Mauerwerk errichtet. Eine Alternative sind quadratisch oder recht-

Wussten Sie....

..., dass sich im Mini-Teich das Gleichgewicht der Nährstoffe nur zögerlich einstellt? Daher sollte man immer ein paar Schwimmpflanzen auf die Wasseroberfläche setzen. Die Sauerstoffzufuhr wird verbessert, wenn man Pumpen und kleine Wasserspiele installiert, die das Wasser in Bewegung halten.

TIPP

eckig geformte Belken aus glasfaserverstärktem Kunststoff (GfK), die man entweder komplett in den Boden einlässt oder nur zu zwei Dritteln eingräbt und das obere Drittel mit Steinen oder Holzpalisaden abfängt.

Rustikales Flair entsteht mit Holzfässern oder Zinkwannen auf Terrasse oder Balkon (siehe S. 80 ff.). Legen Sie verschieden hohe Backsteine oder Lochziegelsteine ein und setzen Sie die Pflanzen entsprechend ihrer Standortwünsche. Auf den Teichgrund stellen Sie eine Seekanne oder Zwerg-Seerose, auf einen Backstein eine vertikale Struktur wie Seggen oder Zwerg-Rohrkolben. Dazu bringen Sie noch Gauklerbumen als „Schleppe" ein und setzen Wassersalat auf die Wasseroberfläche.

In Miniteichen setzt man die Pflanzen mit Pflanzkörben ein. Die Höhe wird mit Steinen variiert.

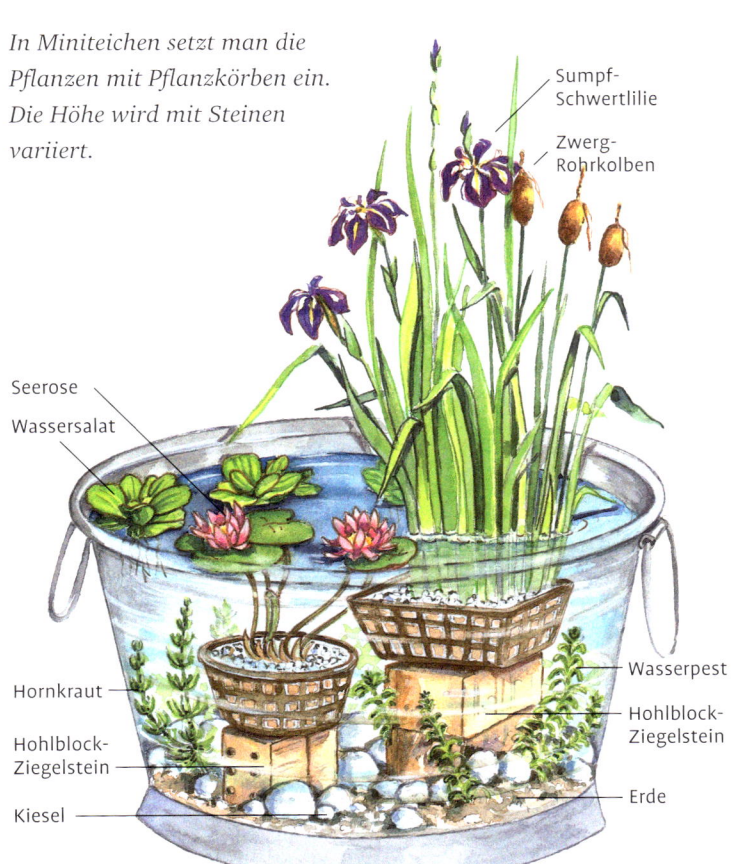

Sumpf-Schwertlilie

Zwerg-Rohrkolben

Seerose

Wassersalat

Hornkraut

Hohlblock-Ziegelstein

Kiesel

Wasserpest

Hohlblock-Ziegelstein

Erde

Der **mobile** Wassergarten

Teiche in
Töpfen, Kübeln
und Fässern
schmücken
Balkon und
Terrasse.

Die Auswahl an Gefäßen für die kleinste Form des Wassergartens ist breit gefächert. Von alten Zinkwannen über ausgediente Weinfässer bis hin zu ehemaligen Futtertrögen reicht das Repertoire der ausgedienten Gebrauchsgefäße. In Baumärkten bekommt man Holzgefäße, irdene Töpfe, glasierte Tongefäße und Plastikfässer. Letztere brauchen entweder einen Platz hinter dekorativen Kübeln oder eine gute Kaschierung mit Strohmatten oder Jutesäcken, damit der mobile Wassergarten auch den optischen Anforderungen genügt. Grundsätzlich müssen die Gefäße wasserdicht sein. Gerade bei Holzgefäßen muss man mit einem abdichtenden Anstrich die Wasserdurchlässigkeit verhindern. Auch mit Hilfe von Teichfolie können die Gefäße ausgekleidet und abgedichtet werden. Allerdings bedarf es Geschick, die Folie am oberen Rand sicher zu befestigen, ohne dass die Optik beeinträchtigt wird. Die obere Öffnung für die Gefäße sollte mindestens 40 bis 60 cm betragen. Eine Gefäßtiefe zwischen 40 und 45 cm ist ausreichend. Bei der Auswahl muss man auch darauf achten, dass die Gefäße winterfest sind. Es spielt nicht nur die Qualität des Materials und dessen Verarbeitung eine Rolle, sondern auch die Form. Besonders empfindlich sind bauchige Töpfe, die sich nach oben verjüngen. Sicherheitshalber sollte man bei Mini-Wassergärten das Wasser ablassen oder sie frostfrei überwintern.

Die Besonderheiten des mobilen Wassergartens

Pflanzkörbe helfen bei der abwechslungsreichen Bepflanzung der Fässer, Kübel und Wannen. Zum einen verhindert man, dass die Wurzeln der ausgewählten Pflanzen ineinander wachsen, zum anderen kann man auf der kleinen Fläche unterschiedliche Tiefen schaffen. Dazu werden die Körbe auf Steine gestellt (siehe auch Seite 79). Für die Auswahl der Pflanzen spielen die besonderen Bedingungen in den mobilen Wassergärten eine Rolle. Durch die relativ kleine Wassermenge unterliegen diese Teiche für Balkon und Terrasse deutlichen Temperaturschwankungen. Das Wasser heizt sich schnell auf und kühlt ebenso rasch wieder ab – umso mehr, wenn man ein dunkles Gefäß und einen sonnigen Standort auswählt.

Neben dem Einzelgefäß kann man den kleinen Wassergarten auch mit mehreren Gefäßen gestalten, die miteinander verbunden sind. Mit Hilfe einer Pumpe zirkuliert das Wasser zwischen den Gefäßen. Neben dem munteren Plätschern von einem Gefäß in das nächste bringt das den Vorteil, dass das Wasser belüftet und das Pflanzenwachstum begünstigt wird. Für einzelne Töpfe und Wannen empfiehlt sich als Alternative ein kleiner Sprudler, der zusätzlichen Sauerstoff in das Wasser bringt. Für Fische sind die kleinen Gefäße nicht geeignet. Beschränken Sie das Leben im Miniwassergarten auf einzelne Pflanzen, die sich nicht zu stark ausbreiten.

Sumpf-Schwertlilie und Gauklerblumen wachsen in dem hölzernen Wasserfass

Wasserpflanzen für *kleine* und *mobile* Teiche

Grundsätzlich gilt es, robuste Pflanzen in den Teich zu setzen, die für die jeweilige Wassertiefe geeignet sind. Reicht die vorhandene Tiefe nicht aus, so wachsen die Pflanzen hoch und stehen unschön mit Blättern und Blüten über der Wasseroberfläche. Gleichzeitig sollten die Pflanzen schwachwachsend sein, sonst ist die kleine Fläche innerhalb kurzer Zeit zugewachsen. Man sollte keinesfalls vollständig auf Wasserpflanzen verzichten, sich aber auf etwa vier verschiedene Arten in einem kleinen Teich beschränken. Vom Charakter ihres Wuchses sollten sie sich unterscheiden. Ein kleiner, aufrechter Rohrkolben (*Typha minima*) passt zu der Wassernuss (*Trapa natans*), die ihre rosettenförmig angeordneten Blätter auf der Wasseroberfläche ausbreitet. Der Froschlöffel (*Alisma plantago-aquatica*) baut sich dominant mit seinen löffelartigen, breiten Blättern auf. Im Sommer schweben die Blütenrispen über dem Blattwerk. Optischen Halt bekommt diese Pflanze in einem kleinen Teich beispielsweise durch eine Teichsimse. Interessant wirkt die Stachelspitzige Teichsimse (*Schoenoplectus mucronatus*) mit 80 cm hohen Horsten. Die Zebra-Teichsimse (*Schoenoplectus tabernaemontani* 'Zebrinus') lockert durch weiße Querstreifen die nach oben strebenden Horste auf. Allerdings wird letztere gut 120 cm hoch. Das Gefäß beziehungsweise der Teich muss eine entsprechende Größe haben, damit die Pflanze in Verbindung mit dem Froschlöffel harmonisch wirkt. Eine kleinwüchsige Alternative: Die Zwerg-Binse (*Juncus ensifolius*) mit dunklen, igelartigen Fruchtständen. Die aufrecht strebenden Formen haben eine besondere Bedeutung bei den Miniteichen, da sie eine Art gestalterische Brücke zwischen

Nymphaea 'Rosea'

Gefäß und Umgebung aufbauen. Von besonderer Bedeutung sind der Sumpf-Schachtelhalm (*Equisetum palustre*), der nur eine geringe Wassertiefe benötigt, und die Schwertlilie (*Iris*-Arten). Diese Pflanzen sollten immer so platziert werden, dass die vertikalen Strukturen eine Kulisse bilden. So verdeckt man gleichzeitig Ecken und unschöne Wände.

Einzelne Schönheiten wie eine kleine Seerose (*Nymphaea*) wirken auch ganz für sich allein in den Miniteichen. Mit den Blättern bedecken sie einen Teil der Wasseroberfläche und in den Sommermonaten bauen sich die Blüten malerisch auf. Um die blütenlosen Wochen zu überbrücken, kann man einzelne Rosenblätter auf die Wasseroberfläche legen oder zwei, drei bunte Schwimmkugeln aus Glas auf das Wasser setzen. Wichtig ist, dass man schwachwachsende Sorten und Arten auswählt. Empfehlenswerte Formen finden Sie in der Übersicht unten. Besonders wertvoll sind natürlich die Zwerg-Seerosen mit einer langen Blütezeit wie *Nymphaea* × *helvola* und *Nymphaea pygmaea* 'Rubra'. Aber auch das Farbenspiel der Sorte 'Aurora' ist eine Bereicherung, wenn der Platz knapp ist: Die Blüten wechseln im Aufblühen die Farbe von Hellgelb nach Karminrosa und verblühen Purpur. Mehrere Blüten in unterschiedlichen Altersstadien verbreiten eine zarte und harmonisch wirkende Buntheit auf der Wasseroberfläche.

Sumpfschönheiten am Topfrand

Ist der Wasserstand niedrig, so kann man die Ränder malerisch mit blumigen Uferschönheiten bepflanzen. Natürlich gilt auch hier die Devise: Weniger ist mehr. Dominanz, verknüpft mit Leichtigkeit geht vom Blutweiderich (*Lythrum salicaria*) aus. Niedrige duftige Kissen bildet das Sumpf-Vergissmeinnicht (*Myosotis palustris*) mit seinen kleinen blauen Blütchen. Pfennigkraut (*Lysimachia nummularia*) überspielt die Ränder der Gefäße in den Sommermonaten. Wer den Frühling auf Balkon und Terrasse holen möchte, pflanzt die Sumpf-Dotterblume (*Caltha palustris*) mit ihren gelben Blüten zusammen mit pinkfarbenen Rosen-Primeln.

Ein Eldorado für exotische Schönheiten

Die mobilen Wassergärten eignen sich auch für nicht winterharte Sumpf- und Wasserpflanzen. In ausreichend großen Töpfen kann man beispielsweise Indische Lotosblumen (*Nelumbo nucifera*) pflanzen. Sie bilden anmutige rosa, rote oder weiße Blüten an langen, kräftigen Stielen. Tropische Seerosen wie *Nymphaea caerulea* bringen die ungewöhnliche blaue Farbe ins Spiel. Bei den Schwimmpflanzen kommen Wassersalat (*Pistia stratiotes*), Schwimmfarn (*Salvinia natans*), Feenmoos (*Azolla caroliniana*) oder Wasserhyazinthe (*Eichhornia crassipes*) in Frage. Alle diese Pflanzen müssen im Herbst an einen frostfreien Platz gestellt werden. Dieser sollte vorzugsweise nicht nur warm, sondern auch hell sein.

Seerosen für eine geringe Wassertiefe

Name	Blüte / Blütezeit	Höhe	Wassertiefe
Nymphaea candida	weiß / Juni–August	5 cm	40–60 cm
Nymphaea × *helvola*	schwefelgelb / Mai–Oktober	5 cm	30–40 cm
Nymphaea 'Aurora'	gelb, orange, rot / Juli–Sept.	10 cm	40–60 cm
Nymphaea 'Froebelli'	kirschrosa / Juni–Sept.	10 cm	40–60 cm
Nymphaea 'Indiana'	apricot / Juli–Sept.	10 cm	15–30 cm
Nymphaea 'J. Brydon'	karminrot / Juni–August	10 cm	50–60 cm
Nymphaea odorata var. *minor*	weiß / Juli–August	5 cm	30–50 cm
Nymphaea pygmaea 'Rubra'	rosa bis purpurrot / Juni–Sept.	5 cm	30–50 cm
Nymphea tetragona	weiß / Juni–Oktober	5 cm	20–40 cm

ÜBERSICHT

Zwei leuchtende Beispiele, um den Gartenteich zur Geltung zu bringen

Den Gartenteich mit Licht in Szene setzen

Lampen erzeugen eine angenehme Stimmung

Der Gartenteich und die Sitzplätze am Teich werden auch gerne in den sommerlichen Abendstunden genutzt. Tiefe Finsternis verhindert, dass man sich rundum wohl fühlt. Lampen und Leuchten können hier Abhilfe schaffen. Am Weg entlang des Teiches gibt das Licht die Sicherheit, nicht zu stolpern. Lichter, die in die einzelnen Stufen integriert werden, garantieren den sicheren Tritt. Die Grenzen des Gartens werden sichtbar und der Schattenwurf wirkt geheimnisvoll. Zugleich wird der Garten durch die Strahler und Lichter ganz anders zur Geltung gebracht. Bäume und Sträucher, die tagsüber als grüne Kulissen wirken, treten nun als markante Punkte in den Vordergrund. Direkt am Wasser wird der Lichteffekt zusätzlich verstärkt, da sich die Illuminationen in der Wasseroberfläche spiegeln. Das vermeintliche „schwarze Loch" der Wasseroberfläche gibt Gräserhorsten und anderen Uferpflanzen die Möglichkeit zu einer ganz besonderen Abendvorstellung. Gleichzeitig ist es selbstverständlich, dass man auf die Nachbarn Rücksicht nimmt und maßvoll bleibt in Sachen abendlicher Beleuchtung. Trotz aller Schönheit können sich Anwohner durch die Helligkeit gestört fühlen.

Lichter auf dem Wasser und unter dem Wasserspiegel

Die Beleuchtung muss aber nicht am Ufer halt machen, denn mit Schwimm- und Unterwasserleuchten kann man auch die Welt unter Wasser anstrahlen. Die Atmosphäre wird so sehr feierlich. Mit Hilfe von Unterwasserstrahlern kann man auch in das nächtliche Teichleben Einblick nehmen. Diese unbestritten faszinierenden Bilder sollten aber immer nur kurze Momentaufnahmen bleiben, um die Rhythmik der Tiere und Pflanzen nicht zu stören. Lichter auf dem Teich sollten daher auch nur angeschaltet sein, wenn man im Garten ist. Weniger Probleme ergeben sich, wenn man einen Zierteich ohne Fische hat. Kleine Wasserspiele oder ein Sprudelstein präsentieren sich durch integrierte LED-Lampen in neuer Schönheit. In den tanzenden Tropfen bricht sich das Licht und malt Muster in das Dunkel der Nacht.

Grundbedingung für Licht und Wasser: Sicherheit

Die Lampen, die man für die Gartenbeleuchtung einsetzt, sollten für den jeweiligen Gebrauch zugelassen sein. Bei den handelsüblichen Gartenleuchten wird zwischen Lampen und Strahlern für trockene und feuchte Standorte unterschieden. Wichtig ist, dass die Gehäuse der Lampen stoßfest und wasserdicht abgeschlossen sind. Für den Betrieb auf und im Wasser verwendet man Schwimmlampen sowie Unterwasserleuchten und -strahler. Die Kabel sollten in Leerrohren durch den Garten geführt und in den Plänen eingezeichnet werden, damit man beim Graben die Leitungen nicht beschädigt.

Mit Hilfe von Transformatoren kann die Spannung so reduziert werden, dass man die Beleuchtung mit ungefährlicher Niedervoltspannung betreiben kann. Eine Energie sparende Alternative besteht in Solarleuchten, die am Tag Sonnenenergie speichern, um die Lampen am Abend leuchten zu lassen.

Festliche Alternativen: Schwimmende Kerzen und lodernde Fackeln

Wer keine festes Lichtkonzept für den Garten hat, der kann für Gartenpartys und andere Feierlichkeiten auf die spontan zu installiernden Klassiker zurückgreifen. Fackeln können wie Strahler den Weg beleuchten oder die Beetkulisse in Szene setzen. Auf dem Teich können schwimmende Glasgefäße, die mit Kerzen oder Teelichtern bestückt werden, für eine feierliche Stimmung sorgen. Mit parfümierten Duftölen kann man Öllampen in Sitzplatznähe stellen, die neben dem Lichtschein Duftnoten entsenden.

Am Abend werden aus dem Kunststeinen am Teichufer sanft strahlende Leuchtkörper

Schwimm-teiche

Wer das Badevergnügen mit einem Gartenteich verknüpfen will, findet im Schwimmteich die ideale
Lösung. Dieser Pool zeichnet sich dadurch aus, dass er
mit Hilfe einer Vegetationszone das Wasser auf natürliche Art und Weise rein hält. Zugleich kann man zwischen Rohrkolben und Seerosen seine Bahnen ziehen:
in einem angenehm sauberen Wasser, das ohne regulie-
rende Chemikalien auskommt.

Ein *Freibad* im eigenen Garten

Der Schwimmteich ist die gelungene Verbindung von Pool und Naturteich.

Die Idee ist wirklich genial: Man baut einen Swimmingpool in den Garten und das Wasser bleibt ohne Desinfektion mit Chlor und ähnlichem klar. Möglich wird ein solcher Schwimmteich dadurch, dass man den klassischen Naturteich mit dem Schwimmbecken verbindet. So übernehmen auf der einen Seite der Aufbau mit guten Filtereigenschaften sowie technische Filteranlagen die Klärung des Wassers. Auf der anderen Seite setzt man Pflanzen ein, die dem Wasser Schad- und Nährstoffe entziehen.

Der Schwimmteich eröffnet paradiesische Möglichkeiten. Schon am frühen Morgen kann man sich mit einem erfrischenden Bad im Garten in Schwung bringen. Oder Sie entspannen sich nach Feierabend, eventuell unterstützt von stimmungsvoller Beleuchtung (siehe Seite 84 f.), bei einigen Runden im Schwimmteich. Auch die Kinder haben einen Heidenspaß, wenn sie an heißen Tagen plantschen können. Aber nicht nur dieses Erlebnis bietet der Schwimmteich, sondern man kann auch die Natur beobachten: Wie im Frühling die ersten Blüten der Sumpf-Dotterblumen aufgehen, wie die Frösche quaken und wie der Garten die Heimat von Molchen und Libellen wird. Man kann im Winter auf dem zugeforeren Teich eine Schlitterbahn bauen oder sich im Eisstockschießen trainieren.

Die Begeisterung kann aber im wahrsten Sinne des Wortes getrübt werden, wenn man den Weg ins von Schwebalgen verfärbte Wasser scheut. Natürlich wird durch die Schwimmbewegung der Grund des Schwimmteiches aufgewirbelt, und wenn

Garten- und Landschaftsbauer bieten Individuallösungen an

Die Voraussetzungen für einen Schwimmteich sowie die verschiedenen Bauweisen werden auf den folgenden Seiten erläutert. Man muss allerdings wissen, dass diese keine Anleitung zum Selbstbau sein können. Hieraus können Sie ersehen, wieviel bautechnischen Aufwand ein Schwimmteich bedeutet. Sie sollten gründlich abwägen,ob Sie es sich wirklich zutrauen, einen Schwimmteich selber anzulegen. Schließlich muss nicht nur der Bau stabil und der Teich dicht sein, sondern das System der Wasserreinigung muss funktionieren. Der Aufwand, den es macht, die große Fläche tief auszuheben, wenn man keine professionelle Hilfe hat, wird leicht unterschätzt. Schließlich muss das Erdreich bei Bedarf auch abgefahren werden, wenn man den Garten nicht mit einem Erdwall eingrenzen will. Auch die Beckenbauarbeiten verlangen nach einem eingespielten Team.

Es ist also anzuraten, sich beim Garten- und Landschaftsbauer Rat zu holen. Dabei muss man beachten, dass verschiedene Systeme als Lizenz von Fachbetrieben gebaut werden. Das bedeutet, dass nicht jeder Betrieb jedes System problemlos bauen kann. Daher verschaffen Sie sich am besten zunächst einen Überblick. Im Internet werden die Schwimmteich-Systeme vorgestellt. Hier einige wichtige Adressen:

- System Bionova: www.bionova.de
- System Bioteich: www.bioteich.ch
- System Biotop: www.swimmingteich.com
- System Ecopool: www.ecopool.de
- System Eko-plant: www.eko-plant.de
- System Kub: www.k-pool.de

Natürlich bieten auch einige Anbieter eigene Bauweisen an, die auf ihre Vorteile zu prüfen sind.

Informationen über Firmen, die mit der Planung und dem Bau von Schwimmteichen vertraut sind, können Sie auch über den Verband deutscher Garten-, Landschafts- und Sportplatzbauer e.V. erfragen. (Anschrift im Anhang). Grundsätzlich sollten Sie sich Zeit nehmen, die Systeme zu vergleichen, damit Sie einen Schwimmteich bekommen, der Ihren persönlichen Anforderungen entspricht. Fragen Sie nicht nur nach der Bauweise, sondern auch nach dem Wartungsaufwand, den Maßnahmen zur dauerhaften Instandhaltung und den Preisen. Sie sollten sich für alle Entscheidungen Zeit nehmen und nicht davon drängen lassen, dass die Badesaison in Kürze beginnt und Sie den Teich noch vorher fertig haben wollen. Der Ausführungsbetrieb wird Ihnen auch bei Problemen immer mit Rat zur Seite stehen, weil er das Bauprinzip auf das Genaueste kennt.

Pures Sommervergnügen: Von der Terrasse springt oder steigt man direkt in den Pool

das System intakt ist, fühlt sich ein Molch durchaus wohl im Schwimmteich und begegnet uns beim Schwimmen. In unseren Breiten muss man auch damit rechnen, dass das Wasser die meiste Zeit kalt ist und sich nur im Hochsommer angenehm erwärmt. Alle diese Vorstellungen sind nicht für jeden Schwimmer angenehm und daher sollte man sich frühzeitig darüber Gedenken machen, ob man diese Rahmenbedingungen akzeptiert oder man doch lieber einen klassischen Swimmingpool in die Gestaltung des Gartens integriert. Auch über eine individuelle Lösung, die die natürlichen Klärverfahren räumlich vom Schwimmbereich abtrennt und die Temperierung des Wassers mit Hilfe von Solaranlagen zulässt, kann man in Betracht ziehen. Die Fachfirmen können Sie über die Details informieren.

Die Kindersicherung ist eine unvermeidliche Aufgabe

Der Schwimmteich wird dazu angelegt, dass man im Wasser schwimmen kann. Für Kinder ist das sehr verlockend. Aber wie kein anderer Gartenbereich stellt der Schwimmteich eine große Gefahr dar. Sie sind verantwortlich, wenn ein Kind im Teich verunglückt. Das A und O ist daher eine gute Einzäunung des Grundstücks beziehungsweise des Areals rund um den Schwimmteich. Sie sollten Gartentore und Türen geschlossen halten, damit niemand ohne Ihr Wissen an den Teich gelangt. Außerdem ist es hilfreich, wenn man im Schwimmteich eine Seite so gestaltet, dass die Kinder seicht ins Wasser geleitet und von der Kälte des Wasser zurückgehalten werden. Sie können sich so auch einfach aus dem Wasser heraus bewegen. Aufmerksamkeit, Schwimmhilfen und die Regelung, Kinder nicht alleine ans Wasser zu lassen, ist die Basis dafür, dass man schnell helfen kann oder ein Unglück vermieden wird. Ausführliche Informationen zu technischen Hilfen für die Kindersicherung finden Sie auf Seite 22 f.

Das Profil des Schwimmteiches

Der Schwimm-
teich besteht
immer aus
zwei verschie-
den genutzten
Zonen.

Wenn man den Querschnitt von verschiedenen Schwimmteichen vergleicht, stellt man fest, dass es einige grundlegende Gemeinsamkeiten, in den Details aber auch Unterschiede gibt. Jeder Schwimmteich hat einen Bereich in der Mitte, der mindestens 2 m tief sein sollte. Dieses ist der reine Schwimmbereich. Diese Zone muss ausreichend groß sein, damit man seine Bahnen ziehen kann. An den Rändern der Schwimmzone steigt das Profil steil an. Man fängt die seitlichen Wände des Schwimmteiches vorzugsweise mit einer etwa 1,50 m hohen Mauer ab und lässt die Vegetationszone flach und breit auslaufen. Zum Abtrennen des Schwimm- und Vegetationsbereiches formt man im einfachsten Fall einen kleinen Wall bei einer Wassertiefe von 50 cm und legt dahinter die flach ansteigende Vegetationszone an. Wenn das Erdreich sandig oder locker ist, scheidet diese Art der Modellierung aus. Hier bestehen zwei Alternativen: Entweder legt man Kiessäcke aus oder man baut den Wall aus flachen Rundhölzern. In beiden Fällen wird der entstandene Raum hinter dieser Erhebung mit Kies aufgefüllt. Einige Systeme gehen davon aus, dass der Badebetrieb die Pflanzen der Vegetationszone zu stark beeinträchtigt. In diesen Fällen wird der Wall so gebaut, dass er zu einer Art „Wellenbrecher" wird. Dazu entsteht hinter dem Wall eine kleine Grube mit einer Wassertiefe von insgesamt etwa 80 cm. Baut man eine Klärstrecke, durch die das Wasser stetig gepumpt wird, so muss man natürlich auch im Profil den seitlichen Anschluss berücksichtigen, in dem Teich und Klärbecken miteinander verbunden werden. An dieser Stelle laufen auch die technischen Einrichtungen von Pumpen, Filtern und Skimmern zusammen.

Prinzip Einkammersystem: eine in sich geschlossene Wasserfläche

Wird die Anlage aus dem eigentlichen Schwimmteich und dem Bereich der Vegetation in einer zusammenhängenden Wasseroberfläche anlegt und wie beschrieben nur durch Wälle unter der Wasseroberfläche voneinander abgrenzt, spricht man von einem Einkammersystem. Das Wasser wird in dieser „Kammer" durch die Schwimmbewegungen und durch die Temperaturunterschiede umgewälzt. Die Vegetationszone bietet dem Wasser die Möglichkeit sich zu beruhigen, sodass Schwebstoffe und grobe Verunreinigungen auf den Boden sinken. Die Pflanzen nehmen diese Stoffe auf und verwerten sie, ebenso wie Schwimmpflanzen aus dem Wasser Nährstoffe ziehen und so verhindern, dass sie sich anreichern. Das Einkammersystem ist verhältnismäßig einfach im Aufbau und man hat bei der Nutzung ein naturnahes Erlebnis. Schließlich wird manche Unterwasserpflanze in den Schwimmbereich getrieben und eingewanderte Molche, Frösche und andere Wasserbewohner werden sich vermutlich kaum um die Zonierung scheren. Es kann also sein, dass man dem einen oder anderen Tier „Aug' in Aug'" begegnet. Auch Trübstoffe gelangen leichter von der Vegetationszone in den Schwimmbereich. Die Anlage eines Einkammersystems bedeutet einen geringeren Aufwand und auch weniger Platzbedarf im Vergleich zum Zweikammersystem. Außerdem hat man eine Wasserfläche, die sich vergleichsweise leicht erwärmt und auch nicht so rasch abkühlt.

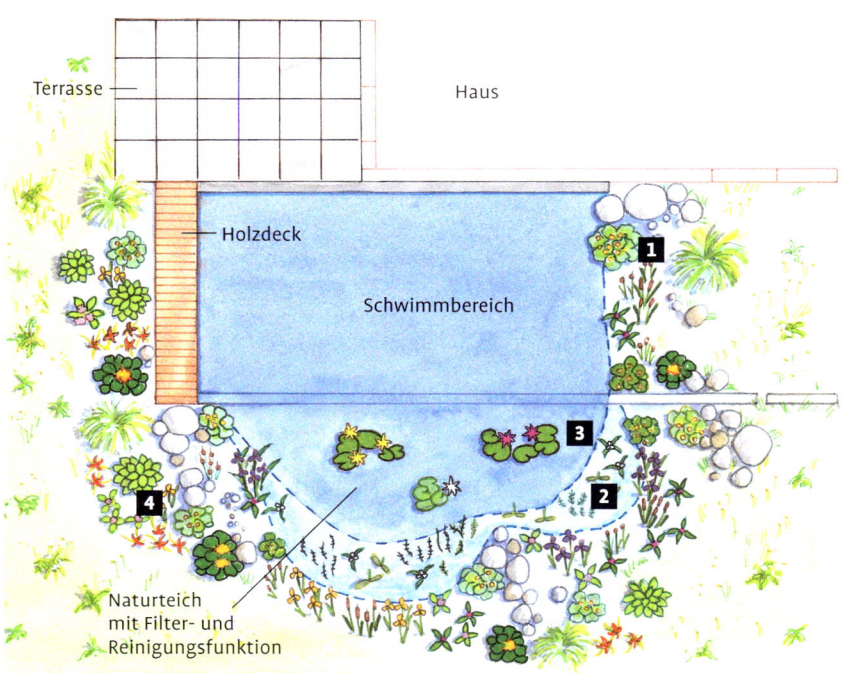

1 **Sumpfbereich mit Röhrichtzone**
Pflanzen: Sumpf-Dotterblume, Zwerg-Binse, Froschlöffel, Fieberklee, Blaue und Gelbe Sumpf-Schwertlilie, Blumenbinse, Flatter-Binse, Rohrkolben.

2 **Flachwasserzone**
Pflanzen: Tannenwedel, Krebsschere, Tausendblatt, Laichkraut-Arten

3 **Tiefwasserzone**
Pflanzen: Seerosen, Teichmummel, Unterwasserpflanzen wie Wasserpest, Hornkraut usw.

4 **Uferrandbepflanzung**
Pflanzen: Frauenmantel, Bergenien, Wieseniris, Dreimasterblumen, Taglilien, Kreuzkraut-Arten, Gräser wie Bambus oder Chinaschilf

Draufsicht eines Schwimmteiches mit Einkammersystem

Das Zweikammersystem braucht viel Platz

Die Alternative besteht darin, dass man Schwimmzone und Vegetationsbereich voneinander trennt. Dazu legt man einen mindestens 2 m tiefen Schwimmteich an. Über eine Pumpe wird das Wasser kontinuierlich in den Vegetationsbereich gepumpt. Dieser kann flacher sein, sollte aber ein ausreichend großes Volumen haben. In diesem Teich werden Verunreinigungen und Nährstoffe aus dem Wasser gefiltert beziehungsweise aufgenommen. Die Prozesse entsprechen abgesehen von der räumlichen Trennung denen in der Vegetationszone des Einkammersystems. Das aufbereitete Wasser wird wieder in den Schwimmteich geleitet, sodass sich der Kreislauf schließt.

Nicht nur gestalterisch, sondern auch hinsichtlich der zusätzlichen Klärung bietet sich für die Rückführung des Wassers ein Bachlauf an, an dessen Rändern Pflanzen wachsen, die zur Wasserreinigung beitragen. Er benötigt nur ein geringes Gefälle, denn eine langsame Fließgeschwindigkeit fördert die gründliche Filterung des Wassers. Für dieses System ist ein größerer Einsatz von Technik notwendig, da das Wasser ständig langsam in Bewegung ist. Der Vorteil besteht in einer hervorragenden Wasserqualität, denn durch die Bewegung wird das Wasser zusätzlich mit Sauerstoff angereichert. Wer Ansprüche an Qualität und Aussehen des Wassers stellt, wird dieses System bevorzugen. Gleichzeitig muss man berücksichtigen, dass die Wassertemperaturen in unseren Breiten nur zögerlich steigen und dass sich das bewegte Wasser rasch wieder abkühlt. Schwimmteichexperten bieten hier ein Solarsystem an, das die Erwärmung des Wasser beschleunigt.

Die **Planung** nimmt Formen an

Der Teich wird modelliert, der Schwimmbereich aufgemauert.

Zu den ersten Schritten der Konzeption gehören die Gedanken zur Lage des Schwimmteiches auf dem Gartengrundstück. Natürlich ist es ideal, wenn man eine vorhandene Senke nutzen kann, um den Schwimmteich anzulegen. So fügt sich das private Schwimmbad perfekt in die Situation ein. Das Badevergnügen wird andererseits gerne mit einem Sitzplatz in der Nähe des Teiches gekoppelt. Das spricht wiederum für eine enge Anbindung ans Haus, da hier Terrasse oder Holzdeck als Ruhe- beziehungsweise bequemer Einstiegsort dienen können. Weitere Vorteile: Hier kann man die Kinder gut beobachten und selber mal eben rasch ein Bad nehmen, ohne lange Strecken zurücklegen zu müssen. Die Wasserfläche in der Nähe des Hauses stellt zudem gestalterisch einen Vorteil dar. Die Spiegelungen des Himmels bringen Licht in die Wohnräume. Was man allerdings immer beachten muss, ist die sichere Gründung des Hauses. Beim Aushub muss das Fundament ausreichend gesichert werden, damit das Haus sich nicht setzt oder in Bewegung kommt. Man sollte sich auch Gedanken machen, von welcher Seite aus man den Schwimmteich zugänglich macht. Holzdecks und Stege (siehe Seite 102 f.) bieten ideale Möglichkeiten, um den Schwimmteich von ein oder zwei Seiten einzurahmen und eine Badeleiter zu integrieren. Hinsichtlich der Lage spielt auch die Himmelsrichtung eine Rolle. Man sollte darauf achten, dass das Wasser möglichst den ganzen Tag in der Sonne liegt, damit es sich rasch erwärmt. Bei windigen Plätzen muss man gegebenenfalls einen Windschutz pflanzen. Hier helfen hohe Gräser wie das Chinaschilf (*Miscanthus sinensis*), den Wind abzuhalten. Laubabwerfende Gehölze haben den Nachteil, dass das Laub im Herbst ins Wasser geweht wird und man es herausfischen muss.

Die Größe des Schwimmteiches

Der Platzbedarf für einen Schwimmteich ist nicht unerheblich, schließlich handelt es sich im Grunde um zwei ineinander geschachtelte Wassergärten: den Schwimmbereich und den Naturteich zur Wasserklärung. Für das einfache System (siehe Einkammersystem siehe Seite 90) muss man mindestens 50 m² Fläche kalkulieren, für die aufwändigeren Zweikammersysteme (siehe Seite 91) sollten mindestens 60 m² zur Verfügung stehen. Natürlich sind dieses nur die Mindestmaße. Wenn man den Schwimmbereich ausdehnt, muss man proportional dazu die bewachsenen Bereiche vergrößern, damit die Wasserqualität auch für das größere Volumen gewährleistet werden kann. Außerdem sollte man ausreichend Platz für die Randgestaltung einplanen, damit man den Schwimmteich harmonisch in die Gesamtanlage des Gartens einbinden kann. Ideal sind Übergangsbereiche mit einer Sitzgelegenheit, damit man im Wassergarten liegen oder eine Sitzgruppe zum Grillen aufstellen kann.

Wie geht man mit einem Hanggelände um?

Komplizierter wird es, wenn das Gelände ein Gefälle hat. Das Problem beruht vor allem darauf, dass das Erdreich beim Ausheben der Grube der darüberliegende Hang ins Rutschen kommt. Bei einem in den Hang gebauten Haus kann dieses dadurch instabil werden. Daher sollte man den Schwimmteich am tiefsten Punkt des Grundstücks anlegen. Erdaufschüttungen bieten hier nicht ausreichend Halt für die darauf einwirkenden Massen. Grundsätzlich sollte man den Schwimmteich in den gewachsenen Boden hineingraben. Zusätzlich muss man durch Stützmauern, die auf das Bodengefüge abgestimmt sein müssen, das Gelände sichern. Auch das darunterliegende Grundstück kann durch die Anlage gefährdet werden, sofern die untere Teichkante nicht ausreichend gesichert ist. Bei anhaltendem Regen oder Starkregen darf die Anlage nicht nach unten weggedrückt werden.

Der Bau des Schwimmteichs: Profisache

Wie die Bilder auf dieser Seite zeigen, wird der Schwimmteich zunächst wie ein Folienteich aufgebaut. Allerdings muss man bereits frühzeitig bei der Abdichtung damit beginnen, die Abtrennung der verschiedenen Kammern zu bauen. Seitlich werden hierzu Mauern aufgebaut. Der Stahlbetonbau hat sich bewährt, da so die notwendige Stablität gewährleistet werden kann. Diese fachgerecht auszuführenden Arbeiten müssen Sie einem Spezialbetrieb des Garten- und Landschaftsbaues übertragen.

Die Bewehrung für den Beton   *Wassergefüllter Schwimmteich ohne Bepflanzung*

Die optimale *Wasserqualität*

Mit Hilfe von Filtern und Pflanzen wird das Wasser gereinigt und aufbereitet.

Um das biologische Gleichgewicht im Schwimmteich zu erhalten, muss man für eine gleichmäßig gute Wasserqualität sorgen. Nun gelangen aber durch die Nutzung des künstlich angelegten Gewässers Nähr- oder Schadstoffe in das Wasser. Mengen und Zeiten dieser Belastung sind sehr variabel. Dadurch wird das Gleichgewicht gestört und man muss unterstützende Maßnahmen ergreifen, die bei Bedarf rasch dem Wasser wieder die Schadstoffe entziehen und sie abbauen. So werden die Schwankungen optimal gepuffert. Für die Wasseraufbereitung gibt es unterschiedliche Systeme, die im Folgenden vorgestellt werden.

Mit dem Skimmer grobe Schwimmstoffe abfiltern

Durch den Wind werden immer wieder Blütenblätter, Laub und andere Pflanzenreste auf das Wasser geweht. Auch Insekten führen zu Verunreinigungen. Zunächst schwimmen diese Verunreinigungen eine ganze Weile auf der Wasseroberfläche. Die so genannten Oberflächen-Skimmer, die auch im klassischen Schwimmbad häufig verwendet werden, verhindern durch ein simples Prinzip, dass die Stoffe allmählich auf den Grund des Schwimmteiches sinken. In der Hauptwindrichtung wird ein Behälter mit einem Auffanggitter angebracht. Die Blätter werden mit dem Oberflächenwasser vom Wind in diese Richtung bewegt und in den Absaugbehälter gedrückt. Als Alternative kann der Skimmer an ein Filtersystem mit einer Pumpe

Eine Filteranlage

Klärstrecke mit Pflanzen

angeschlossen sein. Durch den Sog der Pumpe wird das Wasser mit den Schwebstoffen in den Auffangbehälter gebracht. In beiden Systemen werden die groben Teile abgesiebt und das Wasser kann über verschiedene feine Filter laufen, um später wieder dem Teich zugeführt zu werden. Das Sieb muss natürlich regelmäßig gereinigt werden, vor allem in den Zeiten der Blüte oder des Laubfalls, damit sie störungsfrei funktionieren und nicht verstopfen. Die Systeme der anschließenden Filter sind im Detail unterschiedlich, beruhen aber auf dem gleichen Prinzip: Das Wasser wird in verschiedene Kammern über feinporiges Gestein mit einer möglichst großen Oberfläche geleitet. Mal werden verschiedene Korngrößen von Splitt hierfür verwendet, mal sind es spezielle Mineralien wie „Zeolith", das mit Hilfe der sich ansiedelnden Bakterien Nitratverbindungen und Phosphate aus dem Wasser filtert. Anschließend wird mittels einer Pumpe das Wasser wieder in das Becken zurückgeführt.

Filtersysteme mit verschiedenen Kammern für den Schwimmteich

Es gibt verschiedene Filtersysteme, die für den Wassergarten geeignet sind. Beim Schwimmteich ist eine gründliche Reinigung unerlässlich, daher hat sich das Dreikammerfiltersystem bewährt. Dabei werden in der ersten Kammer die Grobstoffe und anschließend in Feinfiltern aus Schaumstoff und gebranntem Ton Schwebalgen und ähnliches herausgefiltert. Je nach Anlage wird das Wasser durch Druck von unten nach oben durch den Filter geleitet oder es sickert langsam nach unten und muss später wieder nach oben gepumpt werden. Die Pumpen, die man für Filter benötigt, sollten eine Leistung zwischen 100 und 150 l/min haben, damit der Wasserdurchsatz langsam ist und es gründlich gefiltert wird. Für die Pumpe wird seitlich vom Schwimmteich ein Schacht gebaut, über den das Gerät leicht zu warten beziehungsweise zu reparieren ist.

Das Prinzip der biologischen Klärstrecke

In einer Klärstrecke helfen Pflanzen, die Wasserqualität zu wahren beziehungsweise herzustellen. Dabei wird das Wasser mit geringer Fließgeschwindigkeit durch ein Sumpfbeet mit mehreren Abschnitten geführt. Die Becken werden hierfür mit Folie abgedichtet und mit Kies befüllt. Nun setzt man so genannte Repositionspflanzen (siehe Seite 96) in den Kies. Diese Pflanzen filtern Schwebstoffe aus dem Wasser, belüften das Wasser und nehmen Schadstoffe auf. Zugleich sorgen sie für eine optimale Besiedlung der Klärstrecke mit Mikroorganismen, die ebenfalls an der Aufbereitung des Wassers beteiligt sind. Ideal ist diese biologische Klärstrecke nicht nur, um das Wasser des Schwimmteiches zu klären, sondern auch um Wasser aus anderen Quellen zu reinigen. Schließlich verliert der Schwimmteich in den Sommermonaten Wasser durch Verdunstung. Deshalb ist es wichtig, wieder Wasser zuzuführen. Dazu kann man Regenwasser sammeln und einleiten. Da Regenwasser, das vom Dach gesammelt wird, Staub und Schmutzstoffe mitführt, muss dieses Wasser unbedingt vor dem Einleiten geklärt werden. Die Pflanzenkläranlage sollte mindestens 30 bis 40 cm tief sein, damit die Sumpfpflanzen gut gedeihen.

Pflanzen, die das Wasser klären

Die Natur hat ihre eigenen Mittel, das Wasser mit Hilfe von Pflanzen zu reinigen.

Grundsätzlich hat jedes künstliche Gewässer das gleiche Problem: Das biologische Gleichgewicht muss gefunden werden. Dieses beruht darauf, dass das Angebot an Sauerstoff und Nährstoffen dem Bedarf der Pflanzen, Algen und Mikroorganismen entspricht. In jedem Weiher hat sich dieses Gleichgewicht im Laufe der Zeit eingestellt. Und solange niemand an den Verhältnissen etwas ändert, bleibt es erhalten. Natürlich kommt es zu jahreszeitlichen Veränderungen und dadurch zu Schwankungen wie Temperaturveränderungen und Laubfall, regenreichen und regenarmen Zeiten. Aber durch das ausgewogene Verhältnis an Mikroorganismen, Pflanzen und Tieren werden diese Änderungen weitgehend abgepuffert. Hier leisten bestimmte Pflanzen einen großen Beitrag im Hinblick auf das Funktionieren des Systems: Es sind die so genannten „Repositionspflanzen".

Sumpfpflanzen mit erstaunlichen Fähigkeiten

Der Begriff „Reposition" leitet sich aus der lateinischen Sprache ab und bedeutet soviel wie „Zurückstellen", „Wiedereinrichten". Diese Pflanzen besitzen also die Fähigkeit, die Wasserqualität wiederherzustellen und damit diesen Lebensbereich für andere Pflanzen und Tiere zu optimieren. Repositionspflanzen zählen zu den Sumpfpflanzen. Sie zeichnen sich zunächst durch ein feines, reich verzweigtes Wurzelsystem aus. Dieses wirkt wie ein Filter, der Schwebstoffe aus dem versickernden Wasser heraussammelt. Sumpfpflanzen besitzen häufig ein spezialisiertes System, über die Leitungsbahnen den für den Stoffwechsel notwendigen Sauerstoff zuzu-

Eine Auswahl von Repositionspflanzen

1 Kalmus
(Acorus calamus)

Der Kalmus zeichnet sich durch kräftige Rhizome aus. Die kolbenförmigen Blütenstände sind mit zahlreichen kleinen gelbgrünen Blüten besetzt. Sie erscheinen seitlich aus dem schwertförmigen Laub und stehen schräg nach oben. Die dichten Horste des Kalmus bevorzugen einen sonnigen oder halbschattigen Standort und werden 1 bis 1,5 m hoch.
Pflege Im Frühling werden die Horste kräfig zurückgeschnitten, damit die Pflanzen vital bleiben. Teilt man vom Rhizom einzelne Stücke ab, kann man diese zu neuen Pflanzen heranziehen.
Besonderheiten Kalmus zählt zu den heilwirksamen Pflanzen. Er benötigt viele Nährstoffe und erweist sich durch diese Eigenschaft als eine hervorragende Repositionspflanze für große Naturteiche.

führen. Meist wird der Sauerstoff im Überschuss zur Verfügung gestellt, sodass auch die aeroben Mikroorganismen im Wurzelbereich davon profitieren. Diese kleinen Bakterien wiederum können Nähr-, Schweb- und Schadstoffe umwandeln, sodass sie von den Pflanzen aufgenommen werden können. Hierzu zählen vor allem Nitrate und Phosphate, die in pflanzenverfügbaren Phoshor und Stickstoff umgewandelt werden. Zugleich hemmt der Sauerstoff im Boden schädliche Mikroorganismen wie Salmonellen und Colibakterien in ihrer Entwicklung. Einige Repositionspflanzen können sogar Schadstoffe, zum Beispiel Schwermetalle, aufnehmen und so das Wasser reinigen. Ein weiterer positiver Effekt entsteht durch das schnelle Wachstum vieler Repositionspflanzen, die dazu natürlich viele Nährstoffe brauchen. Sie werden dem Wasser entzogen und so wird Nährstoffüberschuss verhindert. Das bedeutet gleichzeitig, dass nicht alle Repositionspflanzen für den kleinen Hausgarten geeignet sind, weil sie schnell alles überwuchern würden.

Repositionspflanzen als Kläranlage

Nicht nur im Schwimmteich, sondern auch in kleinen Zierteichen kann man ein Sumpfbeet zur Reinigung des Wassers einplanen. Diese Kläranlagen müssen so aufgebaut sein, dass das Wasser langsam hindurchsickert. Bewährt haben sich Systeme mit drei Kammern, die stufenförmig miteinander verbunden sind. Auf diesem Prinzip beruhen die Sumpfbeete der Schwimmteiche (siehe Seite 95). Es gibt diese Pflanzenkläranlagen auch im Miniformat als Filtermodell mit angeschlossener Pumpe. Hier wird das Wasser aus dem Zierteich gepumpt, durch verschiedene Kammern geleitet, dabei gründlich gereinigt und anschließend dem Teich wieder zugeführt.

2 Schilf
(Phragmites australis)

Mit bis zu 4 m hohen Trieben sprengt das Schilf die Dimensionen des Hausgartens. Als Repositionspflanze in Kläranlagen oder Bio-Schwimmbädern ist es jedoch sehr beliebt. Die braunen Ähren werden über 40 cm lang und zieren Uferbereiche in sonniger Lage von Juli bis September.
Pflege Im Frühling wird der Schilfgürtel zurückgeschnitten. Wer einen großen Naturteich mit Schilf bepflanzen will, sollte unbedingt berücksichtigen, dass die Folie in diesem Bereich durch eine doppelte Schicht gut geschützt wird, da die äußerst kräftigen Triebe die Folie beschädigen können.
Besonderheiten Schilf wird auch als Nutzpflanze verwendet. Das sehr stabile Rohr wird als Baustoff eingesetzt, zum Beispiel als Reet zur Dacheindeckung.

3 Flatter-Binse
(Juncus effusus)

Die Flatterbinse bildet kräftige Horste, die zwischen 50 und 80 cm hoch werden. Die Stängel sind kräftig grün und glänzend. Die Blüten bilden einen rispenähnlichen Blütenstand, der durch Hochblätter gestützt wird. Diese werden bis zu 30 cm lang, während der Blütenstand zwischen 4 und 10 cm lang ist. Die Blütezeit dauert von Juni bis August. Diese grasartigen Rhizomstauden breiten sich auf nährstoffreichen Böden gut aus.
Pflege Die Pflanzen werden im Frühling zurückgeschnitten, damit sie neu austreiben. Durch Teilung oder Aussaat kann man sie vermehren.
Besonderheiten Zwei Sorten haben sich einen Namen gemacht: 'Aureus striatus' trägt cremefarbene Querstreifen auf den Stängeln. 'Spiralis' hat spiralig gedrehte, etwa 40 cm hohe Stängel.

4 Schmalblättriger Rohrkolben
(Typha angustifolia)

Im Sommer entstehen an den Blütenstielen die malerischen braunen Fruchtstände. Sie entwickeln sich aus den weiblichen Blüten, die unterhalb der männlichen stehen. Beide sind wenig spektakulär. Dafür halten sich die kolbenförmigen Früchte bis in den Winter. Dann springen sie auf und kleine, watteartig eingesponnene Samen flattern durch die Luft.
Pflege Einmal gepflanzt, wächst der Rohrkolben ganz von alleine. Im Frühling vor dem Austrieb sollte man ihn zurückschneiden.
Besonderheiten Alle Arten des Rohrkolbens eignen sich zur Wasserreinigung. Weder die schmalblättrige noch die breitblättrige Art (*Typha latifolia*) sollten im Hausgarten gepflanzt werden. Sie wuchern stark. Die Alternative: Kleiner Rohrkolben (*T. minima*), der nur 50 cm hoch wird.

Eine grüne Kulisse aus **Gräsern**

Die aufrechten Horste der Gräser verbreiten eine lauschige Atmosphäre.

Ziergräser strahlen Eleganz und Ruhe aus. Die langen, riemenförmigen Blätter wachsen straff nach oben und fallen dann leicht vornüber, als wollten sie eine Wasserfontäne imitieren. Der Kreislauf beginnt jeweils im Frühjahr: Die alten, abgestorbenen Halme werden abgeschnitten, dann sieht der Horst wie ein brauner, lebloser Igel aus. Ganz zaghaft zeigen sich die grünen Spitzen und wie Strahlen schießt das Laub nun in die Höhe. Dazwischen schauen die Blütenstände heraus. Dezent färben sie sich in einem silbrigen Grau oder einem Beigebraun und verleihen dem kompakten Horst durch ihre Farbe und die filigrane Form Leichtigkeit und Eleganz.

Eine stabile Beziehung zum Ufer

Gräser und Wasser harmonieren sehr gut miteinander. Die meisten Gräser bilden kompakte Horste, aus denen eine dichte, grüne Kulisse für Schwimmteiche und klassische Wassergärten entsteht. Die hohen Arten bieten sogar einen perfekten Sichtschutz. Hierzu zählt zum Beispiel das Pfahlrohr (*Arundo donax*), das eine Höhe von 350 cm spielend erreicht. Es braucht einen sonnigen Standort, ebenso wie die stattlichen Horste des Chinaschilfs (*Miscanthus sinensis*). Zahlreiche Sorten dieses Grases eröffnen individuelle Gestaltungsmöglichkeiten. Nicht nur die Höhen variieren, sondern auch die Blühfreudigkeit, die Herbstfärbung und der Habitus des Horstes bringen Abwechslung in die Gestaltung. Der Vorteil des Chinaschilfs: Im Frühjahr, wenn sie zurückgeschnitten sind, werfen sie keinen Schatten; doch bereits im Hochsommer haben sie schon wieder ihre volle Höhe erreicht und halten dann

Robuste Gräser für das trockene und feuchte Ufer

1 **Morgenstern-Segge**
(*Carex grayi*)

Die Früchte, die an eine Stachelkeule erinnern, sind das Markenzeichen dieser Segge, die einen sonnigen bis halbschattigen Standort bevorzugt. Das Laub zeichnet sich durch eine kantige Mittelrippe aus und hängt locker über. Die kräftigen Horste werden etwa einen halben Meter hoch. Ein nährstoffreicher frischer bis nasser Boden wird bevorzugt.
Pflege Im zeitigen Frühling schneidet man die Horste zurück, damit sie wieder frisch durchtreiben. Bei niedrigem Wasserstand kann man die Pflanzen mit Depotdünger versorgen, sofern der Wuchs kümmert. Zu kräftige Horste werden ausgegraben und mit dem Spaten geteilt.
Bemerkung Eine Alternative ist die Palmwedel-Segge (*C. muskingumensis*), die 70 cm hoch wird und Blattbüschel an den Halm-Enden trägt.

2 **Chinaschilf**
(*Miscanthus sinensis*)

Das stattliche Chinaschilf zählt zu den pflegeleichten und robusten Gräsern. Die kräftigen breiten Blätter zeigen sich im Herbst in einer prächtigen Färbung. Sonnige Plätze sind eine Voraussetzung für eine gute Blüte, die im Sommer erscheint und bis in den Winter ein dekorativer Schmuck ist.
Pflege Die Horste müssen im Frühling zurückgeschnitten werden. Vorsicht, die Blattränder haben eine feine Zahnung, an der man sich leicht verletzt! Der Rückschnitt der derben Blätter verlangt viel Kraft.
Bemerkung Es gibt viele verschiedene Sorten: 'Graziella' (1,70 m hoch), 'Kleine Fontäne' (1,60 m hoch) mit silbrigen Blütenrispen, 'Malepartus', bis zu 2 m hoch mit rotbraunen Blüten, 'Silberfeder', das bis zu 2,30 m Höhe erreicht, mit silbrigen Blüten.

3 **Flaschenbürstengras**
(*Pennisetum alopecuroides*)

Die ausgewachsenen Horste haben eine halbkugelige Form, die dieses Gras zu einem dekorativen Solitär mit einer Höhe von einem guten halben Meter macht. Die Blüten, die an Flaschenbürsten erinnern, stehen locker darüber. Sonnige Standorte mit durchlässigem, nährstoffreichem Boden werden bevorzugt.
Pflege Die Pflanzen werden im Frühjahr zurückgeschnitten und anschließend wird rund um den Horst etwas Langzeitdünger oder reifer Kompost in die Erde eingearbeitet. Zum Teilen werden an den Rändern Teilstücke abgestochen.
Bemerkung Das Flaschenbürstengras ist ein zuverlässiger Winterschmuck. Durch eine reiche Blüte zeichnet sich die Sorte 'Hameln' aus. 'Compressum' hat eine niedrige und kompakte Wuchsform.

die Sonne perfekt fern. Seitlich neben einem Steg entsteht so eine lauschige Atmosphäre. Die halbhohen Gräser bauen sich wie ein Raumteiler auf und grenzen benachbarte Gartenelemente geschickt von dem Schwimmteich ab. Blaustrahlhafer (*Helictotrichon sempervirens*) und Atlasschwingel (*Festuca mairei*) sind sehr transparent, während Riesen-Pfeifengras (*Molinia arundinacea*) und Lampenputzergras (*Pennisetum alopecuroides*) kompakter wirken.

TIPP

Wussten Sie, dass...

... Bambus keine Sumpfpflanze ist? Im Gegenteil, das Gras der asiatischen Gärten verträgt keine Staunässe im Wurzelbereich. Horstbildende Bambusse wie die Arten und Sorten von *Fargesia* kommen in den trockenen Uferbereichen eines Gartenteiches malerisch zur Geltung und verbreiten fernöstliches Flair. Die Wüchsigkeit sollten Sie mit einer Wurzelsperre im Zaum halten.

Gräserschönheiten im feuchten Boden

Die bislang genannten Arten bevorzugen alle einen frischen bis trockenen Boden. Sucht man die Eleganz für die Sumpf- und Feuchtwasserzone, sind andere Arten gefragt. Das Bunte Rohr-Glanzgras (*Phalaris arundinacea* 'Picta') breitet sich in einer kleinen Bucht rasch aus, da es Ausläufer treibt. Werden die Pflanzen zu dicht, nimmt man an den Rändern Teile heraus. Beim Abstechen ist darauf zu achten, dass die Teichfolie nicht beschädigt wird. Die große Gruppe der Binsen (*Juncus*) eignet sich ebenfalls gut für den Feuchtbereich. Die im Querschnitt runden Triebe bilden kräftige Horste, die Blüten erscheinen an den Enden als schwarzbraune Büschel.

4 **Zwerg-Binse**
(*Juncus ensifolius*)

Typisch für das im westlichen Nordarmerika und Japan beheimatete Gras sind die schwertartig erscheinenden Blätter und Blütenstängel. Sie sind breit und seitlich aneinander gedrückt, sodass der schwertförmige Eindruck entsteht. Die Blüten stehen in etwa 1 cm großen Köpfchen. Der Wuchs ist horstartig. Sonnige Plätze im feuchten Boden werden bevorzugt. Die 30 cm hohen Pflanzen blühen im Juni und Juli.
Pflege Die Pflanzen werden im Frühling zurückgeschnitten, bevor der Horst neu austreibt. Sämlinge sollten nur dort zugelassen werden, wo keine anderen Uferstauden bedrängt werden.
Bemerkung Die Pflanzen breiten sich am gesamten Ufer aus, weil die Samen auf der Wasseroberfläche schwimmen.

Sumpf ist Trumpf

Die Welt zwischen Wasser und Land

Typisch für den Sumpf ist ein schwankender Wasserstand. Mal stehen die Pflanzen, die in diesem Lebensbereich gedeihen, mit den Wurzeln in bis zu 10 cm tiefem Wasser und mal ist der Boden nur frisch oder feucht. Nach unten kann Wasser – wenn auch langsam – wegsickern und ebenso kann durch den fehlenden regelmäßigen Zufluss aus einer Quelle der Sumpf austrocknen. So eignet sich das Sumpf-

beet für Familien, die wegen der Kinder auf einen tiefen Teich verzichten wollen. Ebenso kann das Sumpfbeet einen hübschen Kontrast zum formalen Wassergarten ohne Pflanzen darstellen. Der Sumpf wird immer öfter auch als Klärstrecke für einen Schwimmteich großzügig und artenreich angelegt. Die Flora des Moorbeetes hat einige Besonderheiten zu bieten. Hier leben Pflanzen, die Strategien entwickelt haben, Bestäuberinsekten anzulocken oder Nährstoffquellen zu erschließen.

Separater oder mit dem Teich verbundener Sumpf?

Wenn der Wunsch nach einem Sumpfbeet besteht, so stellt sich die Frage, ob es separat angelegt werden soll oder man es an den Teichrand anschließt. Beide Möglichkeiten haben ihre Vorteile, allerdings erfordert die Kombination etwas mehr Aufmerksamkeit. Schließlich darf der Sumpf nicht durch die Kapillarwirkung den Wasserstand des Teiches absinken lassen. Andererseits sollten Pflanzenreste oder Nährstoffe des Sumpfbeetes nicht das Teichwasser belasten. Hier muss beim Bau eine sehr sorgfältige

Ein Lebensraum mit ganz besonderen Qualitäten und Pflanzen: der Sumpf

Trollblume

Wollgras – typisch für das Moorbeet

Arbeit im Übergangsbereich ausgeführt werden. Will man das Sumpfbeet separat anlegen, so eignet sich eine kleine Mulde oder Senke im Garten. Auch das Sumpfbeet wird mit einer Folie ausgelegt. Allerdings darf sie nicht völlig wasserundurchlässig sein. Daher braucht man kein hochwertiges Material. Am einfachsten ist es, die Folie mit der Gabel leicht zu perforieren, damit ein wechselndes Wasserregime über versickerndes und wieder ansteigendes Wasser möglich ist. Bleibt das Wasser stehen, kommt es zu einer geringen Durchlüftung der Erde, die Fäulnisbakterien fördert. Will man den Wasserstand regulieren können, baut man ein Wasserrohr quer in das Sumpfbeet ein, schließt das Ende und bohrt kleine Löcher in die Leitung, sodass der Boden, wenn er zu stark abtrocknet, von unten befeuchtet werden kann. Die Folie wird mit einer Schicht Kies

abgedeckt, um die Durchlüftung des Bodens zu gewährleisten. Der eingefüllte Boden sollte den Pflanzen reichlich Nährstoffe bieten.

Die besondere Flora des Sumpfbeetes

Die Pflanzen aus dem Sumpf haben sich an die wechselnden Wasserstände angepasst. Sie haben ein gutes Stützgewebe und verfügen über besondere Sauerstoffspeicher in den Stängeln. Bei der Auswahl sollte man Arten auswählen, die auch auf einer kleinen Fläche ein hübsches Bild abgeben. Es gibt nämlich einige Arten, die zum Wuchern neigen und so die anderen Pflanzen rasch verdrängen. Zu den Klassikern im Sumpfbeet gehören die Sumpf-Dotterblume (*Caltha palustris*), Seggen- (*Carex*) und Binsen-Arten (*Juncus*). Wasser-Minze (*Mentha aquatica*) breitet

sich durch Ausläufer aus und schließt entstehende Lücken.

Ähnlich wie der Sumpf wird ein Moorbeet angelegt

Das Moorbeet zeichnet sich vor allem durch den niedrigen pH-Wert aus. Das bedeutet, das Substrat enthält wenig Nährstoffe und keinen Kalk, ist aber humusreich. Reizvoll am Moorbeet ist die einzigartige Vegetation. An Standorten ohne starke Konkurrenten kann man sich an Raritäten wagen: Pflanzen Sie am Ufer das Breitblättrige und Schmalblättrige Wollgras (*Eriophorum latifolium, E. angustifolium*). Hightlights sind die zu den Orchideen zählende Sumpf-Stendelwurz (*Epipactis palustris*) oder fleischfressende Sonnentau-Arten (*Drosera*). Ins freie Wasser setzt man verdriftbaren Wasserschlauch (*Utricularia*). Sonnige bis halbschattige Plätze sind ideal.

Stege und Holzdecks am Gartenteich

Das Wasser im Garten lädt zum Verweilen ein. Daher sollte man frühzeitig die Sitzplätze in der Nähe des Wassergartens einplanen. Gestalterisch gibt es unterschiedliche Möglichkeiten, sich einen kleinen Aufenthaltsort unmittelbar am Wasser zu schaffen. Wenn die Wasserfläche direkt an den etwas höher liegenden Sitzplatz grenzt wie in Bild 1, kann man auch einmal wie auf einem Steg sitzen und die Füße ins Wasser baumeln lassen. Solche Lösungen müssen gleichzeitig gebaut werden, damit die Teichfolie bis zum Fundament des Sitzplatzes reicht oder das Betonbecken direkt in das Fundament übergeht. Ein Steg ins Wasser (Bild 2) zählt bei Kindern zum beliebten Tummelplatz. Die vorderen Pfosten müssen mit Stegfundamenten in den Teich gesetzt werden. Man kann auch das Ufer mit einem Holzdeck überbauen wie in Bild 3. So verhindert man, dass die Holzpfosten im Wasser stehen und faulen. Außerdem lässt sich das Holzdeck auch nachträglich am Ufer errichten. Die geschwungene Randlinie betont die organische Form des Wassergartens. Mit einem sanften Übergang (Bild 4) aus Kies wird der Sitzplatz gelungen integriert – das vorgelagerte Sumpfbeet tut sein übriges. Die Mauer rahmt den Sitzplatz ein.

1 2
3 4

Auf dem **Weg** zum Wasser

Will man das Wasser aus nächster Nähe genießen, so laden Stege und Holzdecks dazu ein. Man kann sich darauf setzen, damit Füße und Beine vom Wasser erfrischt werden. Nach dem Baden kann man sich auf ein Tuch legen und sich von der Sommerluft trocknen lassen. Stege erlauben das Begehen einer dicht bewachsenen Uferzone, ohne die Bepflanzung zu zertreten. Vom Holzdeck aus genießt man am Abend den Sonnenuntergang und lässt den Tag entspannt ausklingen. Der sanfte Klang von jedem Schritt auf dem Holz verbreitet einen Hauch von Urlaubsgefühl. Dabei kann sich das Holzdeck auch parallel zum Ufer erstrecken oder man baut es so, dass es in die Wasserfläche hineinragt. Diese lauschigen Ecken direkt am Ufer des Teiches bezieht man am besten frühzeitig in die Planung mit ein. Nicht nur gestalterisch, sondern auch im Hinblick auf die Baumaßnahmen bringt dies Vorteile.

Fundamente und befestigte Uferränder geben sicheren Halt

Grundsätzlich müssen die Stege auf einem soliden Fundament gegründet werden, damit sie die entstehenden Lasten tragen können. Die verwendeten Stützpfosten müssen sicher eingesetzt werden und sollten aus einem beständigen Holz sein, das kesseldruckimprägniert ist. Anderenfalls kann man von dem Steg keine lange Lebensdauer erwarten. Auch die Sitzplätze, deren Kanten sich direkt am Ufer befinden, brauchen ein solides Fundament und eine stabile Einfassung. Während man ein Holzdeck oder einen Steg relativ einfach selber bauen kann, sollte man für einen Sitzplatz mit einem Steinboden einen Fachmann zu Rate ziehen, damit die kleinen Gartenoasen perfekt angelegt werden. Für einen Steg oder ein Holzdeck muss man am Ufer, etwa 30 cm vom Wasserrand entfernt, ein Auflager bauen. Dazu gießt man entweder ein Fundament neben die Abdichtung oder man macht einen fachgerechten Unterbau mit Schotter und Bausand, um darauf Gittersteine in ein Mörtelbett zu legen. Auf die Gittersteine werden Kanthölzer als Pfetten gesetzt. Auf ihnen wird der Belag aus Holzbohlen oder Holzfliesen sicher verschraubt, sodass sich eine begehbare Fläche ergibt. Verwenden Sie auch bei den Bohlen und Fliesen nur kesseldruckimprägnierte Harthölzer, weil diese witterungsbeständig sind. Dem Rand, der über das Ufer ragt, kann man mit der Säge eine schwungvolle Kontur geben. Sie sollte der Formensprache des Gartens angepasst werden.

Ein kleiner Strand schafft sanfte Übergänge

Wie wäre es mit einem kleinen Strand am Schwimmteich? Das sanft ins Wasser übergehende Ufer wird dazu mit Sand oder feinem Kies abgedeckt. Die Form und Größe des Privatstrandes wird organisch angepasst. In einer kleinen Bucht zieht man die Fläche länglich in den Garten hinein. An einem nur leicht geschwungenen Ufer bekommt der Sandstrand eine weiche Sichelform. Als Wind- und Sichtschutz kann man dieses kleine Paradies mit einigen höheren Gräserhorsten zum Garten hin einrahmen. Allerdings sollte man den Blick frei lassen, solange man kleine Kinder hat, um sie kontrollieren zu können.

Bewegtes Wasser

Plätschernd, rauschend oder tropfend belebt Wasser als kleines Wasserspiel oder munterer Bachlauf den Garten. Mit Hilfe der klangvollen Wasserbewegung wird der Garten zum Erlebnis und die wechselvollen Eigenschaften des Wassers werden perfekt in Szene gesetzt. Bachläufe und Wasserrinnen übernehmen funktionale Aufgaben in der Gestaltung, während sich Wasserspiele und Brunnen dekorativ in den Garten einfügen.

Ein *Bachlauf* im Garten

Die Natur steht Pate, wenn es darum geht, einen kleinen Bachlauf zu gestalten.

Wenn man in die Gartengestaltung einen Bach integriert, so zieht ein Stück Natur in das grüne Paradies ein. Denn die Musik des Plätscherns oder das sanfte Murmeln ermöglichen, dass man sich entspannt in die Naturwelten des Gartens zurückzieht und den Alltag vergisst. Man unterscheidet grundsätzlich zwei verschiedene Varianten: Wiesenbach und Kaskadenbach. Der Wiesenbach hat ein geringes Gefälle und schlängelt sich durch eine dicht bewachsene Wiesenpflanzung. Hin und wieder umspült das Wasser einen dicken Stein und gurgelt um eine S-Kurve, die die Strecke des Baches verlängert. Der Wiesenbach ist leicht anzulegen, da er mit einem geringen Gefälle auskommt. Zudem kann man ihn in seiner Größe sehr gut an die individuellen Gegebenheiten im Garten anpassen. Der Kaskadenbach besitzt ein stärkeres Gefälle. Das Wasser fällt in mehreren Staustufen hinunter. Die Abschnitte zwischen den Stufen können unterschiedlich lang und breit sein. Es ist die Idealform eines Baches für ein Gelände, das ohnehin ein Gefälle hat. Man gräbt die einzelnen Stufen in den Hang hinein. Während der Wiesenbach mit einer recht geringen Pumpenleistung von etwa 540 l pro Stunde auskommt, benötigt man für den Kaskadenbach eine Pumpe, die je nach Länge der Anlage eine Leistung von 3000 bis über 9000 l pro Stunde haben sollte. Die Berechnung der erforderlichen Pumpenleistung anhand der einzelnen Variablen eines Bachlaufes ist auf Seite 130 f. beschrieben.

Gestalterisch übernimmt der Bach verschiedene Funktionen

Der Bachlauf besitzt in der Gesamtanlage des Gartens eine besondere Funktion, da er eine lang gestreckte, in sich geschlossene Einheit darstellt. Er kann somit Gartenteile trennen oder eine Achse betonen. Durch eine verbindende Bepflanzung kann er auch zwei verschiedene Gartenräume zueinander in Beziehung setzen. Man kann mit einem Bach die Verknüpfung zwischen der Terrasse in der Nähe des Wohnhauses und dem Gartenteich im hinteren Bereich des Gartens darstellen. Ebenso kann der Blick von einem Sitzplatz im Garten zu einem besonderen Gehölz, beispielsweise dem Hausbaum, gelenkt werden. Gleichzeitig wird der Bach zu einer Strukturierung der Gesamtfläche beziehungsweise eines einzelnen Gartenraumes. So kann der Kaskadenbach die Mittellinie des Grundstücks untermalen. Im Zusammenspiel mit einer naturnah bepflanzten Rabatte kann der Wiesenbach in einen natürlich anmutenden Dialog treten.

Neben diesen Funktionen sollte man bei der Gestaltung des fließenden Gewässers beachten, dass ein Bach mit seiner plätschernden Melodie zum Verweilen einlädt. Ein großer Findling neben einer kleinen Kaskade wird schon bald zum Lieblingsplatz, auf dem man gerne in einer ruhigen Minute verweilt. Eine kleine, unregelmäßig geschnittene Rasenfläche, die vom Bach durchschnitten wird, lässt sich gut als Liegeplatz für Mußestunden nutzen. Mit einem Sitzplatz für Tisch und Stühle an der Mündung oder an der Quelle kann man den Bach in die Gartennutzung einbeziehen. Hier kann man gemütlich lesen, speisen oder in kleiner oder großer Runde Gartenfeste feiern.

Wie viel Gefälle braucht ein Bach?

Das Gefälle ist der Höhenunterschied, der zwischen dem höchsten Punkt (der Quelle) und dem tiefsten Punkt (der Mündung) des Baches besteht. Das Gefälle bringt Wasser in Bewegung. In der Regel ist nur ein kleiner Unterschied von 1 bis 2 % notwendig. Nur in Ausnahmen kann man ein Gefälle von 6 bis 8 % einplanen. Bei einem zu großen Gefälle schießt das Wasser durch das Bett des Bachlaufs und spült die Kieselsteine heraus, mit denen man die Anlage gestaltet hat. Die Fließgeschwindigkeit wird durch die Ausgestaltung der Bachlaufform inszeniert. In einem gerade verlaufenden Bach fließt das Wasser schneller. Über Kurven und Engstellen wird es verlangsamt. Mit Steinen kann man die Feinheiten für eine perfekte Dramaturgie am besten austesten und festlegen.

Über die Staustufe plätschert das Wasser zwischen den üppigen Schattenstauden hindurch

Wie ein Band, in dem sich der Himmel spiegelt, zieht sich der Wasserkanal durch den Garten

Die **formale** Variante: der Wasserlauf

In Gärten, die von architektonischen Elementen geprägt sind, kommt ein naturnaher Bachlauf nicht zur Geltung. Hier sind vielmehr geometrische Varianten gefragt. Das Charakteristische dieser Rinnen und Kanäle ist eine gleich bleibende Breite und Tiefe. Geländeversprünge werden durch Stufen beschrieben, über die das Wasser senkrecht herunter fällt. Der Verlauf wird durch gerade Bahnen und Winkel beschrieben. Die Ufergestaltung ist von einer sachlichen Einfassung geprägt. Steinplatten, Klinkersteine oder Kanthölzer betonen die formale Anlage. Pflanzen werden eher zurückhaltend und pointiert eingesetzt.

Die Beziehung zur Gartengestaltung

Der Wasserlauf übernimmt in der formalen Gestaltung eine tragende Rolle, denn er unterstreicht nicht nur die Gliederung des Gartenraumes in unterschiedliche Einheiten, sondern er unterstützt die Formensprache der Grundidee. Für die architektonische Anlage, die auf Rechtecken basiert, verläuft der Kanal gerade. So wird er zu einer Achse, die den Blick lenkt oder die ein Gefühl für Räume vermittelt. Der Wasserlauf kann auch Winkeln folgen, die beispielsweise auf der Grundform der Terrasse beruhen. So werden die Ecken betont. Spielt die Gestaltung mit Kreis und Rundungen, so können die Rinnen diese Formen aufnehmen und sich wie ein Band um einen Platz oder eine in sich geschlossene Fläche legen.

Das Wasser aktiv nutzen

Neben den optischen Funktionen, die die formalen Wasserläufe in der Gesamtgestaltung übernehmen, werden sie auch zu einem erfrischenden Element. Durch das meist nur knöchelhohe Wasser kann man waten. Wassertreten à la Kneipp ist ebenso möglich wie eine spontane Abkühlung an heißen Sommertagen. Allerdings sollte man auf Sicherheit achten, wenn man diese Nutzung vorsieht. Auf dem Grund siedeln sich rasch Algen an, die einen glitschigen Film auf den Steinen bilden. Mit einem rauen Belag kommt man nicht immer weiter, da sich hier die Algen noch besser ansiedeln können und noch schwieriger zu entfernen sind als auf einem glatten Belag. Wichtiger ist es, eine Art Geländer geschickt zu integrieren, damit man sich gut festhalten und abstützen kann.

In der Nähe von sonnigen Sitzplätzen können die Bänder der Wasserrinnen durch die Verdunstung zu einer willkommenen Abkühlung der kleinräumigen Temperatur beitragen und so indirekt Erfrischung bieten.

Aus Stein gebaut, mit Folie abgedichtet

Für den Bau ist es wichtig, dass man Kanäle und Rinnen exakt errichtet, damit ihre Struktur und Wirkung deutlich herausgestellt wird. Das A und O sind daher Zentimetermaß, Wasserwaage, Pflöcke und Schnüre, mit denen man den Bau immer wieder kontrolliert und überwacht. Die Folienabdichtung ist bei dem geraden Verlauf der Wasserrinnen ideal, allerdings reicht es meist nicht, die Fläche auszuschachten und die Folie darüber zu legen. Mit Hilfe eines Betonbettes kann man zunächst die Kanten exakt gestalten. Stufen, die den Verlauf auflockern, werden über Schalungselemente oder mit Hilfe von Steinen erstellt und dann mit einer Lage sauber verlegte Folie abgedichtet. Eine Variante bei formalen Becken aus Beton ist, anstelle der abschließenden Foliendichtung einen Dichtungsanstrich zu verwenden. Wer keine Erfahrungen im Landschaftsbau hat, sollte unbedingt auf die Kenntnisse eines Fachmannes setzen, damit die Idee zufriedenstellend umgesetzt wird.

Vergleich der Bauweisen: Folienbach und Bachschalen

	Folienbach	Bachschalen
Aufwand	Eine hochwertige Folie ist schwer und man sollte ausreichend Helfer haben, um den Bachlauf mit Folie auszulegen.	Der Bau mit den Systemelementen ist relativ einfach und man kann den Bach in einzelnen Etappen bauen.
Wirkung	Folie wirkt nach dem Kaschieren mit Kieselsteinen und Findlingen natürlicher, weil sich die Folie der modellierten Form anpasst.	Der Bachlauf aus Schalen braucht eine dichte Uferbepflanzung, damit die künstlich wirkenden Formen überspielt werden.
Kosten	Folie, die hochwertig ist, hat ihren Preis und man muss auch Vlies und ggf. Sand zum Abpolstern mit einkalkulieren.	Die einzelnen Schalen sind nicht preiswert, aber sie lassen sich leicht einbauen und man braucht kaum andere Baumaterialien.
Gestaltung	Wer seine persönlichen Ideen umsetzen will, der kann dieses am besten mit Folie, weil sie sich an die individuelle Bodenmodellierung anpasst.	Kurze Bachläufe lassen sich besonders gut aus Bachschalen gestalten. Auch bei wenig Platz, z.B. auf Terrasse und Balkon, ist eine Wasserlandschaft integrierbar.

ÜBERSICHT

Schritt für Schritt einen Bachlauf aus Folie bauen

Die Geländeneigung bietet sich für einen kleinen Bachlauf im Garten an

Quelle und Mündung eines fließenden Gewässers müssen im Garten imitiert werden. Das Wasser zirkuliert mit Hilfe einer Pumpe. Ein Rückführschlauch sorgt dafür, dass das Wasser wieder zur „Quelle" gelangt. Die Anlage besteht aus dem schmalen Bachbett und dem Sammelbecken, in dem das Wasser zusammenfließt. Wie für das GfK-Teichbecken (siehe Seite 60 f.) beschrieben, muss das Loch ausgehoben werden. Auch hier ist es wichtig, dass der Grund eben ist, sodass das Becken in der Waage steht. Das Bachbett wird ebenfalls ausgehoben. Man geht Stück für Stück von unten nach oben vor. Verengungen, Staustufen, Aufweitungen und Höhenabsätze können beim Ausschachten modelliert werden. Dabei sollen die Uferseiten immer auf gleicher Höhe liegen. Die Tiefe des Baches kann variieren. Beim Graben sollte man beachten, dass man später noch größere Steine zum Gestalten ins Bachbett einbringt. Also muss man ausreichend Tiefe zugeben. Der Verlauf sollten im Einklang mit dem vorhandenen Gartengelände stehen.

In das ausgehobene Bachbett legt man die Folie zur Abdichtung

Während man in die Mulde das Kunststoffbecken stellt, wird der Bach nun mit einer langen Bahn Folie ausgelegt. Die genaue Länge ermittelt man mit Hilfe einer Schnur, die man in dem Bachbett auslegt. Für die Breite geht man entsprechend vor, wobei die breitesten Stellen maßgeblich sind. Außerdem muss man für die 15 cm hohe Kapillarsperre an den Seiten und für das Eingraben des Folienrandes insgesamt etwa 50 bis 60 cm zugeben. Vor dem Auslegen der Folie wird Sand ausgebracht und verdichtet. Darüber legt man ein Vlies, auf dem die Folie ausgebreitet wird. Die Arbeiten führt man an sonnigen warmen Tagen aus, damit die schwere Folie möglichst weich und leichter zu verarbeiten ist. Am unteren Ende wird die Folie in die Mulde gelegt. Bei einem geraden Bach kommt man mit einer Folienbahn aus. Wenn man einen längeren Bach gestalten will, muss man mehrere Bahnen aneinanderschweißen. Dabei lässt man die Folie in Fließrichtung überlappen.

Stück für Stück wird die Folie mit Steinen beschwert und zurecht gezogen

Ist die Folie erst einmal ausgelegt, muss sie an die Form des Bachbettes möglichst faltenfrei angepasst werden. Man sollte Steine bereit liegen haben, mit denen man die Folie beschweren kann. Nachdem man zunächst provisorisch den Verlauf mit Steinen ausgelegt hat, macht man sich nun an die Feinarbeit. Dabei beginnt man an der Mündung des Baches, die Falten glatt zu ziehen und der Modellierung genau anzupassen. Es ist wichtig, dass die Folie ganz plan auf dem Boden liegt. Sind Hohlräume unter der Folie, wird sie ebenso beansprucht wie in Falten, an denen es zu starker Reibung kommt. Hat man einen größeren Geländesprung vorgesehen, so werden kleine Mauern aus Steinen aufgemörtelt, damit sie Halt haben. Nach dem vorläufigen Abschluss dieser Arbeiten sollte man einen Probelauf starten. Natürlich darf man beim Bau nicht vergessen, die Technik für den Wasserkreislauf mit ins Erdreich einzubauen. Legen Sie parallel zum Bachlauf, gut kaschiert oder unterhalb der Folie, den Verbindungsschlauch von der Pumpe zum oberen Auslass.

Steine, Gräser und Uferpflanzen rahmen das Bachbett malerisch ein

Nun erfolgt der Bau der Kapillarsperre an den Seiten und die Inbetriebnahme der Pumpe. Für die Kapillarsperre sollte die Folie ca. 15 cm über dem Wasserspiegel stehen. Zunächst stellt man die Folie auf, füllt Erde dahinter und legt die Folie zunächst über diesen kleinen Wall, dann in eine Rinne dahinter. Diese füllt man anschließend mit Kies und legt die Folie wieder nach oben. Abgeschnitten und bodenbündig eingegraben werden sollte die überstehende Folie erst nach einigen Wochen, wenn sich alles gesetzt hat. Dann kann die Folie auch mit Steinen kaschiert werden. Bei dem Verteilen von Steinen und Kies muss man die Korngrößen der Fließgeschwindigkeit anpassen. Dort, wo das Wasser schwungvoll und schnell fließt, werden große Steine ausgelegt. In den seichten Bereichen deckt man die Folie mit Kieselsteinen ab. Anderenfalls wird der leichte Kies nach unten weggespült. Abschließend werden Ufer- und und Stillwasserbereiche bepflanzt.

Schritt für Schritt einen Bachlauf aus Schalenelementen bauen

Kleine Becken aus Glasfaser-Kunststoff werden zu einem Bach durch den Garten

Hier muss man zunächst wie bei der Bauweise mit Folie das Erdreich ausschachten. Man kann gleich flache Stufen graben, auf die später die Schalen gestellt werden. Von unten passt man nun die erste Schale ein. Vorne ragt diese über den Rand in ein Auffangbecken, wo das Wasser gesammelt und wieder zurückgepumpt wird. Sie sollte leicht nach hinten geneigt eingesetzt werden, damit sich das Wasser in den Schalen hält, wenn die Pumpe ausgestellt wird. Verteilen Sie in dem ausgehobenen Graben Bausand und drücken Sie die Schale bodenbündig darauf. Seitlich wird die Schale mit dem Aushub hinterfüttert. Dabei sollte man abwägen, ob man diese Arbeiten sofort macht oder ob man zunächst einmal die nächsten Schalen einsetzt. Gegebenenfalls kann man so noch die Position der einen oder anderen Schale korrigieren. Die oberste Schale muss man zusammen mit dem Zulauf des Wassers einsetzen. Dabei kann man das Wasser über den zwischen Steinen kaschierten Pumpenschlauch von oben oder durch ein Loch von unten sprudeln lassen.

Die einzelnen Becken müssen so übereinander liegen, dass das Wasser hinunter läuft

Natürlich braucht der Bachlauf ein ausreichend großes Gefälle. Wenn das Gelände keine entsprechende Neigung hat, kann man auch aus dem Aushub eine Aufschüttung gestalten. Diese muss schichtweise verdichtet werden. Außerdem muss man seitlich die Erde mit großen Steinen sicher abfangen. Schließlich können minimale Setzungen das Fließverhalten stark verändern und der Bach sollte auch nicht durch einen kräftigen Regenguss weggespült werden. Wer unsicher ist, sollte sich unbedingt fachlichen Rat beim Garten- und Landschaftsbaubetrieb holen. Die Fertigbecken haben ganz unterschiedliche Formen und Größen. Hier sollte man möglichst auf Abwechslung achten. Die Größen sollten sich nicht in einer erkennbaren Reihenfolge hintereinander staffeln, sondern wie zufällig verteilt werden. So wird der Bachlauf später ein natürlicheres Aussehen bekommen, zumal sich die Schalenfarbe durch Algenbewuchs der Umgebung angleicht.

Mit Findlingen und Steinen werden die Ränder der Fertigteile kaschiert

Wenn die Schalen fertig installiert sind, wird ein Probelauf mit Wasser gemacht. Danach kann man die Ränder und auch die Schalen selbst mit Steinen ausschmücken. Dabei sollten die Farben möglichst ähnlich sein, damit man die Unterschiede nicht merkt, sondern den Eindruck bekommt, dass alles „aus einem Guss" ist. Außerhalb des Bachlaufs werden Pflanzen gesetzt, die einen trockenen Gartenboden vertragen. Hübsch bauen sich Frauenmantel (*Alchemilla mollis*) und Storchschnabel-Arten (*Geranium*) auf. Bach-Nelkwurz (*Geum* rivale) schließt die Pflanzendecke ebenso wie Pfennigkraut (*Lysimachia nummularia*) und Wiesen-Knöterich (*Bistorta affinis*). In die Schalen selbst kann man vereinzelt Uferpflanzen wie Bachbunge (*Veronica beccabunga*) oder Sumpf-Vergissmeinnicht (*Myosotis palustris*) setzen. Am Teichbecken kann man ausgefallene Primeln (*Primula*-Arten) pflanzen, die im Frühsommer blühen.

Blütenschönheiten für das **Bachufer**

Bunt blühende Polster sind die Bordüre für einen kleinen Bachlauf durch den Garten.

Damit sich ein Bachlauf – sei es aus Folie oder aus Schalenelementen – harmonisch in die Gartensituation einfügt, werden die Ränder mit typischen Stauden bepflanzt. Zudem kann man mit Hilfe der flachen Blatthorste die eine oder andere Kante der Unterkonstruktion kaschieren. Außerdem finden Tiere, die von dem fließenden Wasser angelockt werden, Plätze zum Unterschlüpfen (siehe Buchdeckelinnenseite hinten). Bei der Gestaltung der Bachränder gibt es Einiges zu beachten. Zunächst sollte man sich über die Hauptblickrichtung im Klaren sein. Schaut man auf in Fließ-richtung „Quelle" beziehungsweise „Mündung", so werden hier die Ränder gleich-mäßig gestaltet. Schaut man dagegen hauptsächlich von einer der Uferseiten auf den Bach, so kann man die vordere Seite mit niedrigen Pflanzen gestalten, während sich am gegenüberliegenden Ufer eine Kulisse aus höheren Stauden und Gehölzen aufbaut. Eine gute Hilfe für die Bepflanzung ist es, wenn man vor der Planung die Ufervegetation von natürlichen Bachläufen studiert. In flachen Wiesen schlängelt sich der Wasserlauf durch einen dichten Pflanzensaum, während in steilen Berei-chen die Pflanzen locker wie kleine Kissen zwischen den Steinen liegen.

Das Spiel mit den Jahreszeiten

Wenn die Sonnenstrahlen im Frühling die Luft erwärmen, erwachen die Uferpflan-zen des Bachlaufs. Schon bald sind es nicht nur frischgrüne Blätter, die für Farbe sorgen, sondern auch die Blüten von Sumpf-Dotterblumen (*Caltha palustris*). Pri-meln (*Primula*-Arten und -Sorten) gesellen sich hinzu. Für eine Auflockerung sor-

Farbtupfer rahmen das Bachbett ein

1   Pfennigkraut
(Lysimachia nummularia)

Flach breiten sich die langen Triebe des widerstandsfähigen Pfennigkrau-tes auf dem Boden aus und bilden dichte, große Teppiche. Die einzelnen Ausläufer bilden rasch Wurzeln und befestigen so das Erdreich. Die gel-ben Blüten bilden sich in den Achseln der parallel angeordneten, frischgrü-nen Blätter. Die Blütezeit dauert von Mai bis in den Juli. Sonnige bis halb-schattige Standorte werden von dem nur 10 cm hohen Bodendecker bevor-zugt.
Pflege Wenn die Pflanzen unschön werden, sollten sie kräftig zurück-geschnitten werden. Es folgt ein neuer Austrieb, der mit einer reichen Blüte einhergeht.
Bemerkung Das Pfennigkraut wächst an trockenen Plätzen gut, verträgt aber auch einen Wasserstand von maximal 10 cm problemlos.

gen die austreibenden Farne, wenn sie ihre Wedel langsam aufrollen, zum Beispiel die schneckenförmigen Austriebe des Trichterfarns (*Mattheucia struthiopteris*). Diese Ausläufer treibende Art braucht ausreichend Platz. Im Sommer wird es an den Ufern bunt. Akelei (*Aquilegia vulgaris*) tanzt locker am Bachufer entlang, das Pfennigkraut (*Lysimachia nummularia*) schmückt sich mit sattgelben Blüten. Die Bach-Minze (*Mentha aquatica*) bildet an den Triebenden kleine Blütenbüschel in zartem Rosa.

Die Auswahl für den jeweiligen Standort

Eine sorgfältige Planung gehört zu den Grundlagen einer ausgewogenen Bepflanzung. Neben der Auswahl hinsichtlich der Blütezeit und der Blütenfarben beziehungsweise Pflanzenhöhe muss man auf die unterschiedlichen Standortansprüche achten. Zum einen unterscheidet man zwischen schattigem und sonnigem Bereich. In der Sonne gedeihen Sumpf-Schwertlilien (*Iris pseudacorus*), Taglilien (*Hemerocallis*-Hybriden) und Kuckucks-Lichtnelken (*Dianthus flos-cuculi*). Im Schatten wird man an Funkien (*Hosta*), verschiedenen Seggen (*Carex*) und dem Schaublatt (*Rodgersia podophylla*) Freude haben. Ein anderer, variierender Standortfaktor ist die Feuchtigkeit des Bodens. Auf frischen bis feuchten Böden fühlen sich Bach-Minze (*Mentha aquatica*), Sumpf-Vergissmeinnicht (*Myosotis palustris*) und Trollblumen (*Trollius europaeus*) wohl, während Arten wie Dreimasterblume (*Tradescantia*) und Silberkerzen (*Cimicifuga racemosa*) keine dauerhafte Bodenfeuchtigkeit vertragen. Einige Pflanzen wie der Frauenmantel (*Alchemilla mollis*) sind aber auch tolerant und vertragen sowohl frisches bis feuchtes als auch trockenes Erdreich.

2 Frauenmantel
(Alchemilla mollis)

Der Frauenmantel treibt im Frühling seine leicht behaarten, fächerförmigen Blätter. Im Juni stehen die straffen Blütenstängel mit den winzigen gelbgrünen Blüten über den Blättern wie kleine Wölkchen. Sie verleihen den 30 bis 40 cm hohen Stauden eine malerische Leichtigkeit.
Pflege Der Frauenmantel zählt zu den anspruchslosen Stauden. Es empfiehlt sich, die Horste nach der Blüte komplett zurückzuschneiden. Sie treiben nochmals frische Blätter, die der Staude bis in den Herbst einen kompakten Wuchs verleihen.
Bemerkung Der Frauenmantel toleriert trockene bis frische Böden. Durch Aussaat vermehren sich die Horste von alleine. Man sollte die Sämlinge wachsen lassen und umsetzen, sobald sie tatsächlich stören sollten.

3 Sumpf-Vergissmeinnicht
(Myosotis palustris)

Das mehrjährige Sumpf-Vergissmeinnicht kommt in Europa auf feuchten Wiesen und an Gewässern vor. Die halbkugelig wachsenden Horste werden bis zu 40 cm hoch. Sie bilden Ausläufer und wachsen so im Laufe der Zeit zu größeren Kissen und Polstern heran. Die himmelblauen Blüten stehen in lockeren Trauben. Ganz typisch ist das gelbe Auge in der Mitte jeder Blüte. Die Blütezeit dauert von Mai bis August. Ideal sind sonnige bis halbschattige Plätze.
Pflege Das Sumpf-Vergissmeinnicht wird im Frühling gepflanzt und wächst rasch zu einer blütenreichen Pflanze heran. Lässt man die Selbstaussaat zu, füllt sie rasch Lücken zwischen höheren Stauden.
Bemerkung Die pflegeleichte Pflanze kann man durch Direktsaat an den Uferrändern ansiedeln.

4 Gauklerblume
(Mimulus luteus)

Die Gauklerblume zählt zu den robusten, aber nicht winterharten Uferpflanzen, die auf trockenen Böden wie am feuchten bis nassen Ufer prachtvoll gedeiht. Die kleinen Horste werden bis zu 30 cm hoch. Die goldgelben Blüten sind trompetenförmig. Sie sitzen zahlreich an den Trieben und meist dauert die Saison von Juni bis in den August.
Pflege Die Gauklerblume benötigt kaum Aufmerksamkeit, da sie sich durch Selbstaussaat im Garten von alleine ausbreitet. Wem der Ausbreitungsdrang zu lästig wird, der schneidet die Blütenstände unmittelbar nach der Blüte ab.
Bemerkung Es gibt verschiedene Sorten mit orangefarbenen ('Orange Glow'), orangeroten ('Scarlet Bees') und rotgefleckten ('Tigrinus Grandiflorus') Blüten.

Fein geharkter Kies als Symbol für die sich sanft kräuselnde Wasseroberfläche eines Sees

Im japanischen Garten bleibt der Wassergarten trocken

Der Betrachtungsgarten – ein besonderer Zengarten

Die japanische Gartenkunst hat eine lange Geschichte und entsprechend facettenreich sind diese Gärten, die ein Abbild der Natur sein sollen. Steine und Felsen bauen sich auf wie Gebirge. Pflanzen wachsen in Formen, als ob sie schon seit Jahrhunderten von den Witterungseinflüssen geprägt worden seien. Wassergärten symbolisieren Seen und Meere. Die Gärten haben zugleich ganz unterschiedliche Funktionen. Die Teegärten beispielsweise dienen als Vorbereitung auf die

Teezeremonie, in ihnen löst man sich vom Alltag und stimmt sich auf die Meditation ein. Betrachtungsgärten dagegen dienen nicht zum Durchschreiten oder Betreten, sondern werden von den Seiten aus angeschaut. Es sind meist kleine Gärten, die nahe am Haus oder in einem Innenhof angelegt sind. Hier ist das Zentrum eine Wasserfläche, die zum Meditieren einlädt. Die „Wasserfläche" wird aber nicht immer mit dem Nass gefüllt, sondern mit Kies. Der Kies symbolisiert mit seiner Farbe und Struktur das Wasser. In den Kies geharkte Rillen malen die Bewe-

gung des Wassers auf den Boden. Diese Trockenlandschaftsgärten, „karesansui" genannt, berufen sich auf die Zen-Lehre, die versucht, die Sinne zu leeren, indem möglichst wenig Eindrücke auf sie wirken. Dazu zählt eben auch die Vielfalt der verschiedenen Medien.

Der Rechen malt den Wellenschlag in den Kies

Will man den Kies mit dem Rechen in Form bringen, so sollte man das Wasser zuvor ausgiebig studieren. Wie breiten sich Wellen aus, wie wirken sie, wenn sie auf ein Hindernis stoßen, was passiert, wenn sie aufeinander treffen? Meist braucht man mehrere Rechen, um unterschiedlich hohe und breite Wellen zu malen.

Ideal ist ein Rechen, der statt Zinken dreieckige Zähne besitzt. So kann sich der Kies oder Sand akkurat zu kleinen Wellen aufbauen. So einen Rechen kann man sich aus Holz leicht selber bauen. Die Zinken werden mit der Stichsäge aus einem Brett geschnitten. Je nachdem, wie man die Zacken zueinander setzt, kann man unterschiedlich geformte Wellen hervorrufen. Das Ziehen des Rechens braucht Übung und Konzentration. Schon bald wird man merken, wie man in diese Arbeit versinken kann und welchen Abstand man zum Alltag gewinnt. Schaut man sich in Zengärten um, so entdeckt man zahlreiche Muster für die Kieswellen. Diese müssen nicht als Vorbild genommen werden, denn es geht nicht um das

Muster an sich, sondern um die Tätigkeit, die in der kunstvollen Umsetzung eines Naturphänomens besteht.

Wege durch den japanischen Garten

Auch im Betrachtungsgarten führen Wege durch das Kiesgewässer. Dazu werden die typischen Trittsteine („tobiishi") hintereinander aufgereiht. Sie dürfen nicht aneinander stoßen – die Mythologie besagt, dass nur so vermieden werden kann, dass das Böse über den Weg gelangt. Die Trittsteine können Natursteine mit einer bruchrauen Kante sein, sie können angeschliffen sein. Man kann sowohl auf kreisrunde Steine, aber auch auf längliche Platten zurückgreifen. Wichtig

ist, dass der Verlauf des Weges gekennzeichnet und dass der Blick des Betrachters gelenkt wird.

Laternen und Steinbänke für asiatisches Flair

Wer das asiatische Gestaltungselement verstärken möchte, findet in Bambus, Azaleen und geformten Kiefern passende Pflanzen. Steinlaternen, die wie kleine Tempel aussehen, schlichte Steinbänke und Wasserspiele wie das „Shishi-Odoshi" aus Bambusrohren (siehe Seite 125) helfen hierbei. Allerdings darf ein Zengarten nicht überfrachtet werden, sonst kann sich die gewünschte Ruhe nicht entfalten und der Garten wirkt in erster Linie kitschig.

Lampen, geformt wie Tempel

Flache Steine sind der Weg, der über das Wasser führt

Wasserfälle und *Kaskaden*

Sanft rieseln-
des Wasser
wirkt beruhi-
gend und sehr
harmonisch.

Wasserfälle stellen optisch und akustisch eine Bereicherung für den Wassergarten dar. Die Qualität eines solchen Wassersprungs wird durch die Wassermenge, die Breite und die Fließgeschwindigkeit bestimmt. Ein helles, perlendes Geräusch verursachen dünne Wasserstrahlen, während ein kräftiger Schwall lautstark herabrauscht. Bei einer mittleren Fließgeschwindigkeit und einer geraden Kante fällt das Wasser wie ein glatter Wasserfilm nach unten, während ein schneller Wasserlauf und eine unregelmäßige Kante am Überlauf das Wasser sprudeln lässt. Die Melodie von fallendem Wasser hat sehr angenehme Seiten, denn man kann eine Lärmquelle, etwa eine störende Straße, mit Hilfe dieser angenehm rauschenden Geräuschkulisse überblenden.

Kaskaden verknüpfen verschiedene Wasserbereiche

Über eine Kaskade vollzieht das Wasser einen Höhenunterschied natürlichen oder künstlichen Ursprungs. So können Wasserbecken, die auf verschiedenen Ebenen liegen, miteinander verbunden werden. Wenn auf der einen Seite das Wasser nach unten fällt, muss das Wasser natürlich auch wieder nach oben gepumpt werden, damit der Kreislauf aufrecht erhalten bleibt. Dabei ist es wichtig, dass die Pumpe die gleiche Wassermenge fördert wie die Menge, die überläuft. Man berechnet die Pumpenleistung wie auf Seite 130 f. beschrieben. Gestalterisch gibt es zwei Möglichkeiten, die Kaskaden einzusetzen: Zum einen werden sie als Bindeglied zwischen zwei verschiedenen Wasserflächen bei einem Höhenunterschied eingesetzt. Zum anderen kann man die Kaskade in der Fläche mehrfach hintereinander staffeln und sie so in den Mittelpunkt der Gestaltung stellen, wie es bei einer Wassertreppe der Fall ist. Im Hausgarten sollte man dabei die Größenverhältnisse im Auge behalten.

Über die gerade Stufe läuft das Wasser wie ein glatter Film von einem Becken in das andere.

Wie ein sanfter Regenguss fällt das Wasser aus dem Torbogen in den kleinen formalen Teich.

Sobald man beispielsweise einen Regenschleier baut wie im Bild oben gezeigt, wird Wasser zu einem Raumteiler, der durch seine Transparenz Einblicke in den dahinter liegenden Gartenteil gewährt.

Die richtige Dimension für Wasserfälle

Für einen Bachlauf bringt der kleine Wasserfall Abwechslung. Ebenso kann man den Wasserfall mit einem Teich verbinden, der vor einer Mauer beziehungsweise einem Hang angelegt ist. Wasserfälle unterscheiden sich von Staustufen dadurch, dass der Höhensprung deutlich größer ist. Von einem Wasserfall spricht man, wenn das Wasser mehr als 50 cm in die Tiefe schießt.

Beim Bau muss man zunächst den Hang befestigen. Dazu wird eine kleine Mauer in das Erdreich hineingebaut. Zuvor muss man aber ein Fundament in den Boden einlassen, damit die Steine ausreichend Halt haben. Bei kleineren Anlagen reicht ein fachgerecht verdichteter Unterbau aus Schotter. Größere Wasserfälle brauchen ein Betonfundament. Über das Fundament wird die Abdichtung aus Folie gezogen. Dabei sollte diese mit dickem Vlies gut gepolstert werden, da hohe Lasten auf die Folie einwirken. Nun werden Steine in den Hang gesetzt, über die das Wasser in die Tiefe fällt. Es sollte aber keine gerade Mauer entstehen, sondern eine unregelmäßige Wand. Stehen hin und wieder Steine heraus, die sich quasi dem geraden Wasserstrahl in den Weg stellen, wird der Wasserfall lebendig und vermittelt Natürlichkeit. Dabei sollten die Steine leicht nach vorne geneigt sein, damit das Wasser nach vorne abfließt und nicht hinter die Mauer fließt. Das Mauerwerk wird in Beton gesetzt.

Für den Wasserfall zu einem Teich muss neben dem sichtbaren Teil der Mauer die Zuleitung des Wassers installiert werden. Dazu führt man ein Wasserrohr oder einen stabilen Spiralschlauch vom Teich durch den Hang nach oben zur „Quelle". Der Wasserauslass in Form eines Rohres, einer Düse oder eines Schaumsprudlers sollte beim Aufbau der Steine rechtzeitig mit eingearbeitet werden.

Plätschern und sprudeln: Wasserspiele

Temperamentvoll quillt das Wasser aus den Sprudelsteinen

Eine erfrischende Note verbreitet das Wasser in diesem kleinen Gartenraum, dessen Elemente drei unterschiedlich geformte Natursteine sind. Aus ihnen quillt schäumend das Wasser. Es wird über eine Pumpe aus dem darunter befindlichen Reservoir gespeist. Die Wasserleitung wird durch ein Loch in den Steinen geführt und mündet in der Sprudeldüse, die sich im Stein versteckt. Höhe und Breite des Schaumsprudlers werden durch den Druck der Pumpe reguliert. Dadurch wird auch das Blubbern der Sprudelsteine beeinflusst. Dazu muss man verschiedene Einstellungen der Pumpenstärke ausprobieren. Die drei Findlinge stehen auf einer Abdeckung mit Schlauchdurchführung, die mit Kies oder Findlingen kaschiert ist. Darunter versteckt sich das Wasserauffangbecken mit der Pumpe. Es ist das Herzstück der Anlage. Das Stromkabel sollte seitlich aus dem Becken herausgeführt und im Garten fachgerecht verlegt werden. Überlassen Sie diese risikoträchtigen Arbeiten einem Elektro-Fachbetrieb.

Die Dreiergruppe der aufrechten Steinstele verleiht eine architektonische Note

Dieser kleine Wassergarten spielt mit der viereckigen Form. Die Grundform des Kiesbeetes, das Kopfsteinpflaster der Außenkante und die Basaltstelen selber interpretieren die geometrische Form in Variationen. Das Wasser sprudelt aus der Mitte der Stele heraus und fließt über die Seiten der Säulen in das Kiesbecken. Da das Wasser im Kiesbeet einige Zentimeter hoch steht, kommt es hier zu einer Verstärkung des Plätscherns. Die Basaltsäulen haben nur eine geringe Aufstandsfläche und sollten unbedingt mit dem feinmaschigen Gitterrost unterhalb der Kiesschicht sicher verankert werden. Wie auch in dem oberen Beispiel wird durch den Kies das im Boden eingegrabene Auffangbecken mit der Pumpe kaschiert. Für den Betrieb ist es ideal, wenn man die Sprudler mit einer Zeitschaltuhr verbindet, sodass das Wasserspiel nur dann in Betrieb geht, wenn man den Garten tatsächlich nutzt. In der Nacht können die plätschernden Geräusche stören.

Lebendiges Wasser: *Wasserspiele, Wassersprudler*

Blubbernd quillt das Wasser aus Steinen und vermittelt das Gefühl von Frische.

Bei einem Wassersprudler wird Wasser mit schwachem Druck aus einer Öffnung gedrückt. Als Stein können ausgediente Mühlräder mit mittigem Loch verwendet werden. Findlinge werden vom Steinmetz durchbohrt und können dann mit der entsprechenden Technik versehen werden (siehe Seite 130 f.). Ein Mühlstein aus Granit oder anderem massivem Gestein ist sehr schwer und der Transport in den Garten ist kräftezehrend. Mittlerweile findet man in Baumärkten Nachbildungen aus Polyethylen-Kunststoff. Sie sind mit einer feinen Sandoberfläche so gestaltet, dass sie den massiven Originalen täuschend ähnlich sehen. Bei den Sprudelstein-Findlingen sind auch Kunststein-Imitate aus Beton im Handel, die zwar nicht wesentlich leichter, aber preiswerter sind. Stelen zählen zu den platzsparenden Varianten. Sie werden meist nicht als Einzelstück verwendet. Vielmehr gruppiert man drei unterschiedlich große Stelen nebeneinander. Im Material sind Stelen variabel: Sie werden aus Bronze gegossen, können aber auch aus Granit gehauen oder Keramikrohren gebaut werden.

Die verschiedenen Wasserbilder der Sprudler

Der Schaumsprudler ist eine Düse, die Luft unter eine geringe Wassermenge mischt. Dadurch schäumt das Wasser zu einer weißen Fontäne auf, deren Höhe zwischen 10 cm und 6 m liegen kann. Im Zusammenhang mit Steinen und Stelen braucht man jedoch keine hohe Fontäne, sondern nur einen niedrigen Wasserschwall. Im Teich werden dagegen Düsen mit einer höheren Fontäne verwendet. Eine Sonderform, die gestalterisch ähnlich wie der Sprudelstein verwendet werden kann, ist die Wasserglocke. Das Wasser trifft vor dem Auslass auf eine Prallplatte und bildet eine geschlossene, filmartige Glocke. Aufwändige Modelle erlauben eine Verstellung der Prallplatte, sodass die Form und Größe der Glocke variabel ist.

Platzsparend und universal zu verwenden

Sprudler kann man überall installieren. So kann man sich sogar in einem Wasserbecken beziehungsweise -bottich auf Balkon oder Terrasse ein lebendiges und anregendes Ambiente schaffen (siehe auch Seite 82). Zugleich erreicht man mit dem lebendigen Wasser natürlich eine Verbesserung des Kleinklimas, denn gerade auf einem Südbalkon kann die trockene Hitze durch eine höhere Luftfeuchtigkeit gemildert werden. Das tut nicht nur dem menschlichen Wohlbefinden gut, sondern lässt auch die Pflanzen aufatmen.

Ein stimmungsvolles Ambiente

Wassersprudler sollten mit Hilfe von Pflanzen in den Garten eingebunden werden. Im Schatten kann man beispielsweise mit einem Goldschuppenfarn (*Dryopteris affinis*) oder einer Pendel-Segge (*Carex pendula*) einen markanten Akzent setzen. Für Sprudler in sonniger Lage eignet sich beispielsweise ein stattlicher Horst einer Taglilie (*Hemerocallis*) oder ein Lampenputzergras (*Pennisetum alopecuroides*).

Der Zauber einer *Fontäne*

Bei einer Fontäne wird je nach Bauart der Düse das Wasser in verschiedene Einzel-strahlen aufgefächert. Sie fallen am Ende in tropfenden Linien wieder nach unten. Zusammen mit den einfallenden Sonnenstrahlen können die Wassertropfen zu fun-kelnden Edelsteinen werden oder Licht sogar in einen Regenbogen verwandeln. Dieser immer in Bewegung befindliche Zauber variiert ständig sein Aussehen. Neben der optischen Attraktion bringt eine Fontäne auch eine klangvolle Geräusch-kulisse in den Garten.

Die Form des Wasserspiels

Die Form des Wasserspiels hängt von der Düse ab, die es in verschiedenen Bauwei-sen gibt. Für Springbrunnen und Fontänen werden entweder Einstrahl- oder Mehr-strahldüsen verwendet. Der klare Wasserstrahl einer empor schnellenden Fontäne ist typisch für das einstrahlige Modell. Durch ein Kugelgelenk kann der Strahl ver-stellt werden. Die Wasserfigur ist durch den hohen Druck stabil und wird durch den Wind nur schwach beeinflusst. Typische Fontänenformen für Einstrahldüsen sind hohe Schaumsprudler, Geysir und Fächerstrahl. Mehrstrahldüsen verwandeln den Wasserstrahl in eine vielteilige Figur, deren Höhe variabel ist. Es gibt zahlreiche ver-schiedene Strahlbilder. Der Klassiker ist die Wasserpyramide. Neben den unter-schiedlichen Auslässen und Düsen gibt es Modelle mit rotierenden Köpfen, die durch den Rückstoß in Bewegung kommen und so besonders fantasievolle Wasser-bilder wie die Spiralfontäne in die Luft zeichnen. Die Alternative zur Mehrstrahldü-se ist die Kombination von mehreren Einzelstrahldüsen. Dabei werden sie so ange-ordnet, dass sich ihre Strahlen zu einem Gesamtbild ergänzen.

Der passende Platz für ein Wasserspiel

Hinsichtlich der Gestaltung werden Springbrunnen und Fontänen an markanten Punkten installiert. Sie beschreiben beispielsweise den Mittelpunkt eines Garten-raumes oder entfalten an einem Wegekreuz ihre Schönheit. Am Ende einer Blick-achse werden sie zum Ziel für das Auge. Natürlich muss für das zurückfallende und wieder in den Kreislauf eingehende Wasser die Fläche nicht nur am Boden eine aus-reichende Größe haben. Auch der Raum, der von dem Bild der Strahlen beschrie-ben wird, sollte großzügig bemessen sein. Achten Sie auf einen ruhigen bezie-hungsweise kontrastierenden Hintergrund von den verschiedenen Seiten, damit die Schönheit der Fontäne uneingeschränkt zur Geltung kommt. Ein wichtiger Faktor, der bei hoch springenden Wassersäulen eine wichtige Rolle spielt, ist der Wind. Die feinen Figuren von mehrstrahligen Wasserspielen benötigen einen windgeschütz-ten Platz. Zumindest die Hauptwindrichtung sollte gut abgedeckt sein. Integriert man Fontänen in den Zierteich, so wird durch die Aufwirbelung des Wassers der Sauerstoffgehalt verbessert. Zahlreiche Schwimmblattpflanzen vertragen die Wasserbewegung auf Dauer nur schlecht. Ein ausreichender Abstand zu Schwimmblattpflanzen wie Seerosen sollte unbedingt eingehalten werden.

Das *Spiel* mit bewegtem Wasser

Für Wasser-
spiele kennt
die Fantasie
keine Grenzen.

Wer die Brunnenanlagen von Jean Tinguely in Basel und Paris schon einmal be-
staunt hat, kennt die schier unbegrenzten Möglichkeiten von Brunnenanlagen. Der
französische Künstler hat Figuren und Geräte aus Schrott zusammengebaut und
ihnen mit Hilfe von bewegtem Wasser neues Leben eingehaucht. Schließlich wird
nicht nur Wasser bewegt, sondern man kann auch mit Hilfe von Wasser frei beweg-
liche Elemente antreiben. Ein ganz klassisches Beispiel für diese Möglichkeiten ist
die Wassermühle. Durch die Bewegung wurde früher zunächst ein großes Schau-
felrad, durch Übersetzungsräder dann ein Mühlstein angetrieben, um Korn zu mah-
len. Wer den Garten als Spielplatz für die Kinder einrichtet, kann ebenfalls Wasserspiele bauen. Zwar wird man nicht gleich eine ganze Mühle konstruieren, aber ein
Wasserrad. Auf zwei Stützen wird eine runde Stange gelegt. In ihrer Mitte befestigt
man kreuzweise Paddel aus Holz, die durch das fließende Wasser bewegt werden.

Bewegung durch die Kraft des Wassers

Es können aber auch ganz andere Dinge in Bewegung gebracht werden. So drehen
sich beispielsweise glatt polierte Granitkugeln auf einem kräftigen Wasserstrahl.
Pumpenleistung und Kugel sowie die Kugel und die Stütze müssen dafür sorgsam
aufeinander abgestimmt sein. Die Installation übernimmt am besten der Fachmann,
zumindest sollte der Steinmetz die richtige Pumpenleistung berechnen, damit sich
die Kugel tatsächlich sanft rotierend bewegt. Ein solches Wasserspiel ist lautlos, da
das Wasser nicht plätschert, sondern sich nur wie ein dünner Film über die Kugel
zieht und überschüssiges Wasser über den Unterbau langsam versickert. Es lässt sich
gut als Schmuckstück neben dem Sitzplatz integrieren. Schließlich hat die rotieren-
de Bewegung der Kugel etwas sehr beruhigendes und lädt zum Meditieren ein. Mit
seiner reduzierten Formensprache fügt sich dieses Wasserspiel hervorragend in
einen minimalistischen Garten ein. Es könnte auch einen zentralen Punkt der Anlage markieren.

Wasserfantasien mit Figuren

Reiher, Frösche und Delphine aus Bronze stehen am Uferrand und aus ihrem
Schnabel oder Maul spritzt ein klarer Wasserstrahl. In einem kleinen Wasserbecken
liegt ein getöpferter Wassergeist, aus dessen Mund Wasser sprudelt. Figuren werden häufig verwendet, um schlichte Wasserspiele im Garten zu inszenieren. Beim
Aufstellen ist es wichtig, dass die Figuren einen sicheren Stand haben. Hierfür sollte man gegebenenfalls einen kleinen Sockel mit einem Fundament bauen. Schließlich dürfen die Schlauchverbindungen nicht gespannt oder geknickt werden, wenn
der Boden unter dem Gewicht der Figur einsackt.
Zudem sollte man mit diesen Elementen unter optischen Gesichtspunkten behutsam
umgehen, schließlich sind die Übergänge von Kunst zu Kitsch gerade in diesem Fall
fließend. Achten Sie grundsätzlich darauf, dass die Figuren nicht zu sehr im Mittelpunkt stehen. Sie kommen viel besser zur Geltung, wenn man sie wie eine kleine

Überraschung zwischen dem Schilf am Uferrand versteckt. Hinsichtlich der Quantität ist es sinnvoll, sich in der Beschränkung zu üben. Einzelne Installationen kann man gut zur Geltung bringen, weil sie anregend wirken. Verwandelt sich der Garten dagegen in einen Park der Wasserspiele, so ist nicht nur das Rauschen mit der Zeit eine unangenehme Lärmbelästigung, sondern auch das Auge quält sich mit den verschiedenen Elementen.

Asiatische Wasserspiele aus Bambusrohren

In der japanischen Gartenkunst wird häufig ein so genanntes „Shishi-Odoshi" verwendet. Dieses Wasserspiel besteht aus zwei miteinander kommunizierenden Bambusrohren. Das obere wird als Speier verwendet. Aus ihm rinnt ein zarter Wasserstrahl. Dieser mündet in dem zweiten Bambusrohr, das im rechten Winkel ein bis zwei Handbreit darunter aufgestellt ist. Es ist nur in der Mitte befestigt, sodass es wie eine Wippe frei pendeln kann. Das Wasser fließt von oben in dieses Rohr, welches an einer Seite geschlossen ist. Nun füllt es sich und kippt über, wenn es durch das Wasser Übergewicht bekommt. Platschend ergießt sich das Wasser über einen Stein. Die Bambusröhre schwingt zurück in die Ausgangsposition und nimmt wieder Wasser auf. Die Musik des Shishi-Odoshi unterscheidet sich von monoton rauschenden Wasserspielen und bringt eine akustische Rhythmik in den Garten. Allerdings muss man berücksichtigen, dass dieses Wasserspiel losgelöst vom asiatisch anmutenden Ambiente nicht zufriedenstellend zur Geltung kommt. Daher macht es Sinn, das Shishi-Odoshi immer mit einigen dekorativen Gräsern oder Azaleen zu verbinden. Damit sich das Wasserspiel mit dem besonderen Prinzip in den zurückhaltenden Stil der Gartenanlage einfügt, sollte man es besser neben einem Bambushorst platzieren, damit es dem Gartenbesucher nicht auf den ersten Blick, sondern erst beim Vorübergehen auffällt.

Der richtige Dreh für die Steinkugel *Shishi-Odoshi – ein japanisches Wasserspiel*

Dekorative Brunnen und Wandbrunnen

Der Löwenkopf zählt zu den klassischen Motiven des Wandbrunnens

Ein Wandbrunnen bietet die Möglichkeit, das erfrischende Nass in die Terrassen- oder Innenhofgestaltung zu integrieren. Das fertige Element aus Speier und Becken wird in einer Wand befestigt. Für das überlaufende Wasser sollte zusätzlich noch ein Auffangbecken angelegt werden, in dem die Tauchpumpe steht, die den Wasserkreislauf aufrecht erhält. Das Wasserrohr kann in einem Schacht, der durch die Mauer gebohrt wird, verlegt werden. Will man es auf dem Bauwerk anbringen, sollte man Kletterpflanzen (allerdings keine Schlingpflanzen) so aufstellen, dass sie das Rohr verdecken.

Der Gartenteich speist den Sandstein-Speier mit seinem Wasserstrahl aus dem Mund

Das Wasser zirkuliert mit Hilfe einer Pumpe und plätschert leise aus dem barock anmutenden Wandspeier, der am Rand des Teiches angebracht wurde. Man kann die sanfte Melodie des Plätscherns genießen. Durch den Wasserstrahl gelangt mehr Sauerstoff in das Teichbecken, was für dort lebende Tiere und Pflanzen vorteilhaft ist. Neue Wandbrunnen aus hellem Stein oder Gußbeton können anfangs durch ihre helle Farbe auffallen. Später bekommen sie von Algen und Moos eine grünliche Patina. Mit Hilfe von etwas Buttermilch, die man auf den Stein pinselt, kann dieser Prozess beschleunigt werden.

Historische Wasserpumpe als sprudelnde Quelle und dekoratives Gartenelement

Die alte Pumpe wurde sorgfältig restauriert und auf einen Stein montiert. Durch ihn führt die Wasserleitung zum Wasserreservoir. Dieses gewährleistet, dass mit jedem Zug ein kräftiger Wasserschwall in die Gießkanne rauscht. Quellen im Hausgarten zählen zu den Seltenheiten, sodass man technisch eine Alternative suchen muss. Man kann durch eine bauliche Veränderung an der Pumpe die Wasserleitung mit dem Hahn verbinden und den Wasserstrahl mit einem versteckt angebrachten Drehregler auf Wunsch in Gang setzen.

Dekorativ und erfrischend: *Brunnen* und *Wandspeier*

Wandspeier und Gartenbrunnen zählen zu den Elementen des Wassergartens, die schon in der Antike ihren festen Platz in den Gärten hatten. Die klassischen Vorbilder haben sich bis heute erhalten. Daher eignen sich diese Gestaltungen vor allem für den eleganten und den romantischen Gartenstil. Die Materialien für die Anlagen können ganz unterschiedlich sein. Zum einen gibt es Modelle aus Naturstein gehauen, aus Steinguss oder Keramik. Diese Modelle kommen den historischen Vorbildern sehr nahe. Die Alternative besteht aus Bronze beziehungsweise Eisenguss. Die Wahl sollte nach den persönlichen Vorlieben getroffen werden, wobei man das Umfeld immer mit einbeziehen sollte.

Die verschiedenen Wandspeier

Die Formen der Wandspeier werden häufig figürlich gestaltet. Anleihen findet man in der Mythologie. Faune, Delphine und Löwenköpfe werden häufig als Rahmen für den plätschernden Wasserstrahl verwendet. Daneben variieren Motive wie Sonnen, Sterne, Fratzen, Fische und Puttos. Eine weniger verspielte Alternative sind schlichte Rohre, die formschön aus dem Mauerwerk der Wand herausstehen. Ein solcher Wandspeier aus Edelstahl übernimmt die klaren Elemente eines architektonischen Gartens. Verknüpft mit dem Wandspeier sind Wasserbecken, in denen der sanfte Strahl klangvoll auftrifft. Ihre Größe ergibt sich aus der Größe des Wasserspeiers, mit dem das Becken ein Ensemble bildet. Man sollte aber auch die durchsetzte Wassermenge, die Länge der Verbindungen und die Möglichkeit eines versteckt liegenden Reservoirs berücksichtigen.

Das passende Ambiente des Wandbrunnens

Für die Gestaltung von Wandbrunnen gibt es zwei Grundlagen: Zum einen kann man die Anlage als Blickfang gestalten, zum anderen kann man sie verstecken und nur die Melodie der Tropfen als klangvolle Ergänzung ansehen. Geht man von einem Eyecatcher aus, darf sich der Wandbrunnen markant aufbauen. Das gelingt, indem man das Becken bodentief aufstellt und bis auf etwa 80 cm hoch mauert. Ein solches Ensemble kann beispielsweise als Ende einer Blickachse oder am Ende eines Gartenweges gestaltet werden. Setzt man dagegen auf den akustischen Überraschungseffekt, so bleiben Becken und Speier kleiner und zurückhaltender. Man kann die Elemente beispielsweise mit Kletterpflanzen wie Efeu (*Hedera helix*) und Kletterrosen (*Rosa*) einranken lassen, damit der Wandbrunnen nicht unmittelbar in den Blick rückt. Zudem wird durch die klassischen Formen von Blättern und Blüten der romantische Rahmen unterstrichen.

Brunnen und Schwengelpumpen in der Gartenlandschaft

Schwengelpumpen, Ziehbrunnen und Sandsteinbrunnen mit einem trogartigen Becken sind historisierende Blickfänge der Gartenlandschaft, die durch die Kombination mit Pflanzen harmonisch in die Anlage eingebunden werden.

Die **Installation** *eines Wasserspiels*

Fertigsets für Wasserspiele liefern alles Zubehör inklusive Becken und Pumpe.

Wasserspiele sind verhältnismäßig einfach aufzubauen. Grundsätzlich muss man beachten, dass die elektrischen Anschlüsse fachgerecht ausgeführt werden und man ausschließlich Produkte für den Einsatz im Wassergarten verwendet. Eine sichere Qualität erkennt man an Prüfsiegeln wie dem GS-Zeichen, das für „geprüfte Sicherheit" steht. Denken Sie beim Einbau daran, die Pumpen über eine Zeitschaltuhr an die Stromversorgung anzuschließen, damit das Plätschern in der Nacht oder während Ihrer Abwesenheit automatisch abgestellt wird. Für Sprudel- und Mühlsteine wird die Installation unten im Kasten beschrieben. Für dieses Modell wie auch für alle anderen Bauweisen von Wasserspielen sollte man darauf achten, dass für Pumpen und Wasseranschlüsse eine Revisionsklappe eingebaut ist. So kann man mit wenigen Handgriffen die Technik überprüfen, warten und reparieren. Im Fall eines Sprudelsteins sollte beispielsweise der Gitterrost mit einer Klappe versehen sein, die so groß ist, dass man die Pumpe bequem herausnehmen kann. Anderenfalls muss man das Wasserspiel alle Jahre wieder im Herbst komplett abbauen, damit die Pumpe frostfrei überwintert werden kann.

Für Wasserspiele, die in einem Becken installiert werden, sollte die Pumpe grundsätzlich auf einen Sockel gestellt werden, damit die Wasserfilter nicht durch angesaugte Ablagerungen verstopfen. Zugleich ist es ratsam, die Pumpe mit einer kräftigen Schnur zu versehen, die man am Ufer sicher befestigt. Sie hilft beim Bergen der Pumpe, sodass man nicht immer ins Wasser steigen muss, wenn man die Anlage warten oder reparieren will.

Das Funktionsprinzip eines Sprudelsteins

Für den Betrachter ist nur der Stein mit dem sprudelnden Wasser zu sehen. Unter der Erde befindet sich aber die für das Funktionieren entscheidende Technik. Sie besteht aus einem Wasserbecken und einer Pumpe, die über ein im Erdreich eingegrabenes Stromkabel versorgt wird. In dem Becken wird das Wasser, das aus der Durchführung des Sprudelsteins blubbert und an den Seiten herabläuft, aufgefangen. Daher sollte das Becken seitlich so groß sein, dass auch Spritzwasser aufgefangen wird. In der Tiefe sollte es ungefähr 40 cm messen. Es gibt verschiedene Bauweisen für das Reservoir. Entweder man setzt eine Wanne oder ein Becken in die Erde ein oder man befestigt die Seiten der Grube mit Winkelsteinen und legt die Fläche mit Teichfolie und Vlies aus. Das Becken wird mit einem engmaschigen Gitterrost abgedeckt. Die Pumpe wird mit dem Wasserrohr im Findling verbunden.

Die Qualität der Schläuche und Anschlüsse

Das Wasser muss durch eine Leitung von der Pumpe zur Düse transportiert werden. Bei einfachen Sprudelsteinen oder Fontänen verbindet ein Steigrohr die Ausströmöffnung der Pumpe mit dem Auslass im Stein oder einer aufgesetzten Düse. Ist das Rohr nicht senkrecht über der Pumpe angebracht, wird ein Schlauch verwendet. Bei einem Bachlauf, einer Kaskade oder einem Wandspeier verwendet man verstärkte Spiralschläuche, die problemlos eingegraben werden können. Die Verstärkung ist notwendig, damit der Querschnitt auch bei einer höheren Auflast stabil bleibt. Außerdem knicken Spiralschläuche nicht so schnell ab. Mit Hilfe von Gewindestücken werden Schlauch und Pumpe verbunden. Bei einfachen Quellen strömt das Wasser aus der Schlauchöffnung, die geschickt durch Steine kaschiert wird. Will man einen Wasserschwall oder -strahl, muss man am Auslass eine zusätzliche Düse anbringen.

CHECKLISTE

Was Sie beachten sollten:

- ☐ Mit Hilfe einer Zeitschaltuhr läuft das Wasserspiel nur, wenn man im Garten ist. Nachbarn werden nicht gestört.
- ☐ Bei Elektroinstallationen müssen die Sicherheitsvorschriften unbedingt eingehalten werden (siehe Checkliste auf Seite 131).
- ☐ Wer mit den elektrischen Arbeiten unsicher ist, sollte einen Fachmann zu Rate ziehen.
- ☐ Im Winter werden Wasserspiele still gelegt und die Pumpen frostsicher aufgestellt.
- ☐ Massive Sprudel- oder Mühlsteine sind sehr schwer und müssen sicher aufgestellt werden.
- ☐ Die Pumpe muss auf die Spritzhöhe und -breite sowie die benötigte Wassermenge ausgelegt sein.

Der Wandbrunnen und seine Technik

Wandbrunnen (siehe auch Seite 126 f.) setzen sich im Prinzip aus den gleichen Elementen wie Sprudelsteine zusammen. Der wichtigste Unterschied besteht in der Anordnung der Teile. Hat man eine Wand, die nur für eine Aufhängung angebohrt werden darf, so muss man die Technik hinter einer Wandplatte verstecken. Schließlich muss der Schlauch zum Auslass des Speiers verlegt werden. Wenn man die Wand erst aufbaut und von der Rückseite herankommt, kann man einen Schacht in der Mauer oder hinter der Mauer einbauen. Das Auffangbecken sollte als Wasserreservoir genutzt werden können. Da durch Regenfälle die Wassermenge steigen kann, muss man einen Überlauf vorsehen. Bei wassergebundenen Bodenbelägen aus Splitt oder Kies kann man das überlaufende Wasser gegebenenfalls versickern lassen. Die Alternative ist ein Standrohr im Becken, das als Überlauf konstruiert ist. So kann das Wasser, wenn der Pegel steigt, über die Ablaufleitung in eine Sickergrube oder einen Kanal abgeleitet werden. Die Pumpe sollte in einem separaten Schacht in der Erde versenkt werden. Über Schlauchleitungen ist die Pumpe mit dem Auffangbecken und dem Wandspeier verbunden. Sind die Zuleitungen von der Pumpe zum Speier verhältnismäßig lang, so muss man sie bei der Berechnung der Pumpenleistung berücksichtigen. Durch den langen Weg ergibt sich ein Reibungswiderstand, der einen Leistungsverlust der Pumpe bewirkt.

Mit **Pumpen** kommt Wasser in Bewegung

Für die verschiedenen Verwendungszwecke gibt es unterschiedliche Pumpen.

Das A und O für bewegtes Wasser besteht in der Verwendung von Pumpen. Sie sorgen dafür, dass Wasser in die Luft spritzt, von der Mündung zur Quelle transportiert wird und aus Speiern herausfließt. So verschieden wie die Verwendungsmöglichkeiten der Pumpen, so unterschiedlich sind auch die Modelle, die der Fachhandel anbietet. Wenn Sie eine Pumpe kaufen wollen, sollten Sie daher immer eine genaue Beschreibung der Verwendung mitnehmen. Wichtig für die Beratung sind die Maße von dem Bachlauf, der Wasserrinne, dem Wasserspiel oder dem Brunnen sowie die zu überwindende Strecke und/oder Höhe, die sich aus dem geplanten Aufstellungsort der Pumpe ergeben. Anhand dieser Parameter bemisst man die benötigte Pumpenleistung.

Die Verwendung von Garten- und Teichpumpen

Die klassische Gartenpumpe wird nicht im Gartenteich oder Bachlauf eingesetzt, sondern hilft – außerhalb des Wassers stehend – bei der Förderung von Grundwasser oder bei der Beregnung. Sie saugt Wasser an und transportiert es mit hohem Druck weiter. Mit ihrer hohen Leistung benötigt sie viel Energie. Auch die Lautstärke kann durch bewegtes Wasser nicht übertönt werden. Für den Wassergarten greift man auf Teichpumpen zurück. Sie saugen das Wasser an und drücken es nach oben. Teichpumpen sind so konstruiert, dass sie eine hohen Lebensdauer haben und sich für den Dauereinsatz eignen. Zudem sollten sie energiesparend und leise sein. Bei den Teichpumpen unterscheidet man zwischen Kreisel- und Magnetkernpumpen. Erstere haben eine hohe Leistung, sodass man Bachläufe und große Wasserspiele damit betreiben kann. Für kleinere Sprudler und Speier sind die Magnetkernpumpen zu bevorzugen. Unterwasserpumpen werden so tief ins Wasser gestellt, dass sie nicht trocken laufen, weil sie sonst Schaden nehmen. Mit einem Schwimmschalter, der auf fallende Wasserpegel reagiert, kann man einem solchen Problem vorbeugen. Universalpumpen können sowohl im Wasser als auch in einem trockenen Pumpenschacht aufgestellt werden.

Die richtige Pumpenleistung bestimmen

Jede Pumpe hat eine bestimmte Leistung. Diese ergibt sich aus zwei verschiedenen Werten. Der eine Faktor ist die Wassermenge, die in einer bestimmten Zeit gefördert wird. Diese so genannte Fördermenge wird in Liter pro Stunde (l/h) beziehungsweise Liter pro Minute (l/min) angegeben. Der zweite Faktor ist die Förderhöhe. Er bezeichnet die Wassersäule in Meter, die von der Pumpe erreicht werden kann. Beide Faktoren wirken zusammen, denn bei der maximalen Förderhöhe ist die Fördermenge gleich null. In der so genannten Pumpenkennlinie wird dieser Zusammenhang für jede Pumpe beschrieben. Man kann mit Hilfe dieser Kennlinie die tatsächliche Fördermenge für eine bestimmte Förderhöhe bestimmen. Um das richtige Modell zu finden, muss man diese Daten, die auf jeder Verpackung aufgezeigt werden, überprüfen. Zugleich muss man aber erst einmal wissen, welche Leistung für die eigene Gestaltung notwendig ist. Für Wasserspiele ist die Leistung in der Regel in der Anleitung angegeben. Für Bachlauf und Wasserfall muss man sie errechnen. Dazu muss man zum einen den Höhenunterschied zwischen dem Standort der Pumpe und der Quelle bestimmen. Zum anderen muss man die maximale Breite ausmessen. Pro Zentimeter Breite werden 100 l/h am Austritt benötigt. Für einen 30 cm breiten Wasserfall werden also 3000 l/h benötigt. Nun muss man diese Menge und die notwendige Förderhöhe auf dem Diagramm der Pumpenkennlinie ansetzen, um die Förderleistung abzulesen und das passende Pumpenmodell zu finden. Für Sprudler geht man von nur 60 l/cm Breite aus. Die Breite bezieht sich dabei auf die mit Wasser zu überwallende Breite der Findlinge, der Stelen oder den Durchmesser des Mühlsteins.

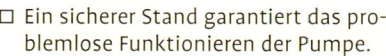

CHECKLISTE

Was Sie beachten sollten:

- ☐ Ein sicherer Stand garantiert das problemlose Funktionieren der Pumpe.
- ☐ Achten Sie beim Kauf der Pumpe auf folgende Prüfzeichen:
  - • GS (Geprüfte Sicherheit) Zeichen
  - • TÜV (Technischer Überwachungsdienst) Zeichen
  - • VDE (Verband der Elektrotechnik, Elektronik und Informationstechnik e.V.)
- ☐ Schließen Sie Pumpen ausschließlich durch Spezial-Anschlusskabel an.
- ☐ Sichern Sie die gesamte Anlage mit einem Fehlerstrom-Schutzschalter (FI-Schalter) ab.
- ☐ Pumpen dürfen nur entsprechend der Betriebsanleitung geöffnet werden.
- ☐ Kabelleitung werden in Schutzrohren mit dokumentiertem Verlauf verlegt.

Soll eine Pumpe mehrere Wasserspiele oder -speier gleichzeitig versorgen, so werden die erforderlichen Einzelleistungen zu einer Gesamtleistung addiert.

Vom fachgerechten Gebrauch der Pumpen

Pumpen sind so gebaut, dass sie bei voller Leistung die längste Lebensdauer haben. Ist man sich nicht sicher, ob die Leistung ausreichend ist, kann man eine höhere Leistung wählen und diese drosseln, um ein optimales Ergebnis zu bekommen. Dieser Tipp sollte aber nur im Zweifelsfall beherzigt werden. Für die Aufstellung platziert man Pumpen immer auf einem Sockel, damit sie keine Sinkstoffe ansaugen. Während der Saison müssen die Pumpen regelmäßig gewartet und gereinigt werden. Vor allem der Vorfilter muss gereinigt werden. Im Winter empfiehlt sich die frostfreie Lagerung der Pumpe in einem Wassereimer.

Mit Membranpumpen Sauerstoff ins Wasser bringen

Neben den beschriebenen Modellen findet man im Fachhandel so genannte Sauerstoffpumpen. Sie haben für Wasserspiele, Bachläufe und andere Wasserbewegungen keine Bedeutung, denn ihre Aufgabe ist es, Sauerstoff in den Teich zu bringen. Dazu wird über eine Membranpumpe Luft angesaugt und über einen Ausströmer feinperlig an das Wasser abgegeben. So kann man die Qualität des Wassers verbessern. Im Winter wird der Ausströmer in der oberen Wasserschicht angebracht, damit er mit den feinen aufsteigenden Wasserbläschen die Wasseroberfläche offen hält.

Den Wasser-garten pflegen

Damit man sich uneingeschränkt an seinem Wassergar-ten erfreuen kann, sind gelegentliche Pflegemaßnah-men unerlässlich. Dazu benötigt man die richtige Aus-rüstung. Mit einem ausgefeilten Zeitplan teilt man sich die Arbeit ein und verrichtet sie zur gebotenen Zeit – so lässt sich das Pensum gut bewältigen. Treten Probleme auf, so gilt es abzuwägen, ob man die Natur walten lässt oder ob man unterstützend eingreift.

Die Ausrüstung für die Arbeiten rund um den Gartenteich

GÄRTNER-PRAXIS

Pflanzkörbe haben sich für das Einsetzen und Überwintern bewährt

Teichpflanzen werden in schwarze Gitterkörbe aus Kunststoff gepflanzt. So kann man mit Hilfe von plan liegenden, auf dem Teichgrund aufgeschichteten Steinen die Pflanzhöhe den verschiedenen Gewächsen individuell anpassen. Man kann die nicht winterharten Wasserschönheiten im Herbst einfach aus dem Wasser nehmen und in Bottichen an einem frostgeschützten Platz überwintern. Die Gitterkörbe sollten möglichst stabil gebaut sein, damit sie dem Ausbreitungsdrang von Rhizomen Stand halten. Alternativ gibt es Körbe aus Kokosfasern. Ein henkelförmig gespannter Draht erleichtert das Entnehmen.

Mit dem Kescher macht man sich die Teich- und Fischpflege leicht

Der Kescher hilft beim Absammeln des Herbstlaubs aus dem Teich. Auch die Schwaden der so genannten „Algenblüte" lassen sich gut abfischen. Wichtig bei einem Kescher ist, dass er einen stabilen Stab und eine ausreichend große Öffnung hat. Das Netz aus haltbarem Kunstgewebe sollte nicht zu grobmaschig sein. Wer Fische im Teich hat, kommt um den Kescher nicht herum, denn mit Hilfe des Netzes kann man einzelne Fische abfangen, sobald die Besiedlung zu dicht geworden ist, oder wenn man die Gesundheit der schwimmenden Gartenbewohner kontrollieren möchte.

Eine Wathose aus dem Angler- und Fischereibedarf ist hilfreich für den Teichgärtner

Wer einen größeren, tiefen Teich gut pflegen will, sollte sich eine Wathose zulegen. Mit dieser wasserdichten Kombination aus Gummistiefeln und Hose kann man ins Wasser steigen und Pflegearbeiten durchführen, ohne Gefahr zu laufen, nass zu werden. Gummistiefel sollte man auch beim kleinen Teich immer griffbereit haben, damit man kleine Probleme umgehend lösen kann. Mit der wasserfesten Kleidung kann man auch im Frühling oder Herbst abgestorbene Pflanzenreste aus dem Teich holen und Schlamm vom Teichgrund absammeln.

Die **Ausrüstung** für den Wassergärtner

Die Arbeiten rund um Gartenteich und Bachlauf erfordern in der Regel kein besonderes Equipment. Mit der Grundausstattung für die normale Gartenpflege kommt man gut zurecht. Schaufeln, Besen und Harken zählen ebenso dazu wie Scheren und Handschaufeln. Grundsätzlich sollten die Geräte hochwertig sein und bequem in ihrer Ergonomie. Schneidgeräte sollten scharf sein und auch immer einmal nachgeschärft werden. Für größere Teichanlagen oder schwer erreichbare Uferzonen kann eine Teleskopschere hilfreich sein, weil man auch aus größerer Entfernung die Pflanzenteile abschneiden kann. In den Fachabteilungen findet man Spezialgeräte für den Wassergärtner. Die Anschaffung sollte man sich aber gut überlegen. Einen Teichsauger beispielsweise braucht man maximal einmal im Jahr. Eine häufigere Benutzung bringt das intakte Teichgefüge durcheinander und ist daher nicht zu empfehlen. Aufgrund des seltenen Bedarfes kann es sinnvoller sein, sich ein solches Gerät auszuleihen. Etwas anders sieht es aus, wenn man einen Schwimmteich nach dem Zweikammersystem gebaut hat. Wie beim Pool kann man hier öfter einmal die Wände mit einem Teichsauger reinigen.

Nicht modisch, aber praktisch

Schutzkleidung für den Teichgärtner unterwirft sich keinen modischen Aspekten, aber sie schützt vor dem Nasswerden. Ohne Gummistiefel kommt man nicht aus. Noch besser ist eine Wathose aus dem Angler- und Fischereibedarf, um ins tiefe Wasser zu steigen. Aber auch wasserdichte Handschuhe helfen bei der Arbeit im und am Wasser. Allerdings muss man darauf achten, dass die Stulpen am Arm möglichst hoch reichen, damit das Wasser nicht von oben in die Handschuhe läuft.

Kescher und Harken, Leiter und Schnüre

Die Arbeiten am Wassergarten erfordern mitunter ein großes Geschick und Beweglichkeit. Um im Wasser Pflegemaßnahmen durchführen zu können, ist eine lange Leiter hilfreich, die man wie eine Brücke über den Gartenteich legt. Man kann sich darauflegen und bäuchlings Pflanzenteile abschneiden. Beim Hantieren mit Scheren und Messern passiert es schnell, dass die Geräte ins Wasser fallen. Um sich das Suchen auf dem Grund zu ersparen, bindet man alle gefährdeten Geräte an, damit man die versehentlich abgetauchten Hilfsmittel rasch wieder nach oben ziehen kann. Wirklich hilfreich sind auch Kescher und Fangnetze. Mit ihnen kann man Algen und Blätter aus dem Teichwasser fischen. Auch ins Wasser gefallene Tiere oder grobe Schmutzpartikel können aus dem Wasser gezogen werden. Zum Absammeln von Algen nimmt man eine breite Harke. Sie muss eine stabile Verbindung zum Stiel haben, damit sie das Gewicht der nassen Algenschwaden auch aushält. Außerdem sollte man immer ein paar Eimer in verschiedenen Größen bereit halten. Kleinere bekommen eine Schnur an den Henkel. So kann man sie auf das Wasser werfen und Wasserproben aus der Teichmitte nehmen. Größere sind ideal, um sperriges Schnittgut aufzunehmen.

Die alljährlichen *Arbeiten*

Mit wenigen grundlegenden Pflegemaßnahmen bleibt der Gartenteich intakt und gepflegt.

Für die Pflege eines Wassergartens sollte man Fingerspitzengefühl mitbringen. Dabei steht zunächst das Beobachten der Vorgänge im Vordergrund. Regelmäßige Kontrollgänge schaffen ein Bewusstsein für die Veränderungen, die sich im Laufe einer Vegetationsperiode einstellen. Dabei sollte man zwei Aspekte beachten: In den ersten Jahren braucht der Gartenteich öfters Hilfestellung, damit sich ein Gleichgewicht einstellt. Jedes Jahr hat seine eigenen Gesetze und Abläufe. Man sollte nicht in erster Linie nach dem Kalender pflegen, sondern dann, wenn es notwendig ist.

Die Sache mit den Algen

Wenn sich in einem Gartenteich keine Algen bilden, stimmt etwas nicht. Das Auftreten dieser Organismen wird durch einen hohen Nährstoffgehalt des Wassers und höhere Temperaturen angekurbelt. Schwebalgen zählen zu den Ein- und Mehrzellern mit einem einfachen Bauplan. Dadurch können sie sich rasch entwickeln und vermehren. Man spricht von der so genannten „Algenblüte", die vor allem im Frühling zu beobachten ist. Gefördert wird das Wachstum zum Beginn der Saison vor allem dadurch, dass sich die Schwimm- und Unterwasserpflanzen noch in der Winterruhe befinden und die Algen kaum Konkurrenz durch andere Nährstoffzehrer haben. Schwebalgen übernehmen den Abbau der Nährstoffe und durch ihre Aktivität wird das Wasser mit Sauerstoff angereichert. Wasserflöhe und andere winzige Lebewesen im Wasser begrüßen das reiche Algenangebot, weil sie sich davon ernähren. So erwacht Schritt für Schritt der Gartenteich aus dem Winterschlaf. Wenn die Teichpflanzen austreiben, treten sie in Wettstreit mit den Algen. Zudem schränken sie die Lichtausbeute im Wasser ein, sodass sich die Lebensbedingungen für die Schwebalgen verschlechtern und sie allmählich weniger werden. Fadenalgen bilden dichte Matten, die sich wie Filz anfühlen, wenn man sie wie im Bild rechts oben gezeigt aus dem Wasser nimmt. Wenn man die Algen mit dieser mechanischen Unterstützung in den Griff bekommt, kann man das Problem ab jetzt vernachlässigen. Etwas anderes ist es, wenn die Algen dauerhaft die Wasserqualität beeinträchtigen, weil der Abbau hinfälliger Algen anhaltend das Wasser belastet. Denn absterbende Algen setzen sie sich am Boden ab und werden dort von Mikroorganismen unter Sauerstoffverbrauch zersetzt. Steht nicht genügend Sauerstoff zur Verfügung, bildet sich mit Hilfe von anaeroben Bakterien Faulschlamm. Diese Fäulnisgase steigen dann blubbernd aus dem Wasser auf.

Algenprobleme sicher bekämpfen

Wenn man dem Algenwachstum nicht Herr wird, muss man die Ursachen ergründen. In erster Linie muss nach der Nährstoffquelle gesucht werden. Zunächst sollte man darauf achten, dass nicht über den Uferbereich Nährsalze von angrenzenden gedüngten Flächen ins Wasser gespült werden. Weiterhin muss man das Tierleben des Teiches beobachten. Enten (siehe Seite 145 f.) und eine Überbesatz mit Fischen

Algen (Bild links) und Herbstlaub (Bild rechts) werden aus dem Wasser gesammelt

können die Nährstoffsituation negativ beeinflussen. Neben der Entnahme von Fischen, die man an andere Teichbesitzer verschenken kann, muss man die Futtermenge einschränken. Ungenutztes Futter sinkt auf den Boden und belastet das Wasser (siehe auch Seite 28). In einem älteren Teich finden heimische Fische auch eine ganze Menge an natürlicher Nahrung.

Wer häufig frisches Wasser auffüllt, sollte hier nach den Ursachen forschen. Leitungswasser kann durch einen hohen Kalkgehalt belastet und reich an Mineralien sein. Die genauen Werte kann man bei den örtlichen Wasserwerken erfragen. Wird die Vermutung bestätigt, dass das Wasser einen negativen Einfluss auf den Gartenteich hat, sollte man nur noch Regenwasser einfüllen. Außerdem empfiehlt sich eine Mini-Pflanzenkläranlage, um das Wasser vor dem Einleiten aufzubereiten. Tritt das Algenwachstum bei einem älteren Teich auf, kann man davon ausgehen, dass die Schlammschicht auf dem Teichgrund so mächtig geworden ist, dass sie das Wasser belastet. Hier muss man die auf Seite 139 beschriebenen Maßnahmen ergreifen.

Zugleich kann man den Algen ihre Lebensgrundlage entziehen, in dem man gezielt Pflanzen in das Wasser setzt, die einen hohen Nährstoffverbrauch haben. Schwimmpflanzen (siehe Seite 76 f.) leisten in diesem Fall gute Dienste. Auch diese sollten aber gelegentlich dezimiert werden, denn die Probleme werden nicht gelöst, wenn sich die abgestorbenen Schwimmpflanzen im Winter auf dem Teichgrund anreichern und hier zersetzt werden.

Technische Unterstützung

Optimal ist es, wenn man den Ursachen auf die Spur gekommen ist und sie mit gezielten Maßnahmen ausschalten kann. Der Einsatz von Filtern ist eine gute Hilfe, wenn man in Sachen Ursachenforschung auf der Stelle tritt. Algen und Nährstoffe können mit Hilfe dieser Geräte herausgefiltert werden. Allerdings sollte man be-

Abgestorbene Pflanzenteile schneidet man im Herbst ab

rücksichtigen, dass auf diese Weise nicht die Ursachen abgestellt, sondern lediglich Symptome bekämpft werden. Auch Sauerstoffsprudler (siehe Membranpumpen Seite 131) können vorübergehend eine Hilfe sein, denn sie verhindern die übermäßige Vermehrung anaerober Bakterien und Fäulnisbildung.

Herbstlaub darf nicht absinken

Regelmäßig im Herbst werfen die Laubgehölze ihre Blätter ab. Fallen sie ins Wasser, werden sie allmählich zergesetzt und führen zu einem Anstieg der Nährstoffkonzentration im Wasser. Da im Herbst alle Wasserpflanzen das Wachstum drosseln und in die Winterruhe gehen, bedeutet das, dass im Frühling zunächst nur die Algen eine gute Lebensgrundlage vorfinden. Außerdem sinkt durch die Umsetzungsprozesse der Sauerstoffgehalt und die Mulmschicht wächst. Selbst wenn kein Baum in der Nähe des Wassergartens steht, wird Laub auf die Wasseroberfläche gewirbelt. An trockenen, windigen Tagen bleiben die bunten Herbstblätter auf der Wasseroberfläche liegen, sodass man sie mit einem Kescher oder Rechen absammeln kann. Doch meist kommt man nicht rechtzeitig dazu, die Blätter abzufischen. Daher empfiehlt es sich, mit etwas Abstand ein Netz über die Wasseroberfläche zu spannen. Dazu kann man beispielsweise Schutznetze aus der Obstbaumpflege verwenden. Am Ufer werden sie mit Hilfe von eingeschlagenen Holzpflöcken fixiert. Bei einem befestigten Ufer beschwert man die Kanten mit Hilfe von kräftigen Klinkersteinen oder Holzbohlen. So kann man bequem alle zwei bis drei Tage die Blätter vom Netz absammeln. Wichtig ist, dass in den Wochen, in denen das Netz über dem Teich gespannt ist, keine Kinder an den Teich kommen. Die einfachen Netze sind nicht für eine große Gewichtsbelastung ausgelegt. Kinder, die Schutznetze kennen (siehe Sicherheitsmaßnahmen Seite 22 f.), könnten die Laubfangnetze damit verwechseln und sie betreten.

Pflanzenrückschnitt im Herbst und Frühjahr

Die meisten Pflanzen im und am Wassergarten sterben ab, wenn der Herbst seinen Höhepunkt überschritten hat und die ersten Nachtfröste auftreten. In dieser Zeit ist der Teichgärtner nochmals gefordert, denn er muss für Ordnung sorgen. Die Pflanzen dürfen nicht abgeschnitten werden, solange sie noch grün sind. Die Natur verschenkt nichts, und bevor die Triebe abtrocknen beziehungsweise erfrieren, werden wichtige Nährstoffe im Wurzelstock eingelagert. Wenn man nur einen kleinen Teich hat, sollte man rechtzeitig damit beginnen, aufplatzende Fruchtstände zu entfernen, damit sich die Pflanzen nicht durch Aussaat zu stark vermehren und im nächsten Jahr zu einer Plage werden. Das gilt zum Beispiel für den Gemeinen Froschlöffel (*Alisma plantago-aquatica*), Rohrkolben-Arten (*Typha*) und Igelkolben

(*Sparganium emersum*). Ebenso müssen die Pflanzenteile der Uferpflanzen, die leicht abknicken und sich ins Wasser legen, im Herbst unbedingt abgeschnitten werden, damit sie die Wasserqualität nicht beeinträchtigen.

Bei den Pflanzen, die in der Flach- beziehungsweise Tiefwasserzone leben, muss man keinen Rückschnitt durchführen. Die absterbenden Pflanzenteile sind als Teil des natürlichen Nährstoffkreislaufs anzusehen. Nur wenn man mit Hilfe von stark wachsenden Schwimmpflanzen versucht hat, den übermäßigen Nährstoffgehalt in den Griff zu bekommen (siehe auch Seite 76), sollte man einen Großteil der Pflanzen mit Hilfe von Keschern und Netzen aus dem Wasser angeln, damit sie nicht absterben und auf den Boden sinken. Den Rückschnitt rund um den Gartenteich sollte man in einer Schönwetterperiode im Herbst durchführen. Dann lassen sich die trockenen Pflanzen besser schneiden.

Nun sollte aber der Gartenteich im Winter auch einige Strukturen behalten. Gerade wenn man am Ufer dekorative Gräser gepflanzt hat, sollte man diese unbedingt stehen lassen. Binsen (*Juncus*) und Rohrkolben (*Typha*-Arten) bilden kräftige Horste, die bei Frost und Schnee zu markanten Blickfängen rund um den Teich werden. Außerdem bieten sie einen Windschutz und die am Grund der Flach- oder Tiefwasserzone verwurzelten Halme sorgen über den Kontakt mit der Luft für einen Gasaustausch. Darüber hinaus überwintern Insekten, deren Puppen oder Eier in den hohlen Stängeln. Auch im trockenen Uferbereich sollten die Stauden möglichst lange als dekorative Elemente stehen bleiben. Bevor die Winterruhe im Frühjahr beendet ist, werden alle Pflanzen der Sumpf- und Uferzone zurückgeschnitten, damit sie ihren Neuaustrieb ungehindert zu voller Pracht entfalten können.

Schlamm belastet auf Dauer die Wasserqualität

Im Laufe der Zeit sammelt sich auf dem Boden der Gartenteiche immer mehr Schlamm an. Er führt dazu, dass der Wassergarten durch einen Nährstoffüberschuss belastet wird. Wenn die Schicht wächst, nimmt die Wassertiefe ab. Dadurch wird das Wasser schneller warm und der Sauerstoffgehalt sinkt. Das beeinträchtigt die Wasserqualität nachhaltig. Wenn man feststellt, dass die Schlammschicht immer dicker wird, sollte man eine grundlegende Reinigung im Sommer oder Herbst vornehmen. Dazu muss man das Wasser im Gartenteich ablassen. Etwa ein Drittel des Wassers wird über eine Pumpe aus dem Teich gesaugt und möglichst aufgefangen. In großen Wannen und aufblasbaren Swimmingpools wird das Wasser zwischengelagert. Hat man viele beziehungsweise empfindliche Fische im Teich, so fängt man sie mit dem Kescher und setzt sie vorübergehend in die Wannen. Mit Eimern, Gummistiefeln und einer breiten Schaufel ausgerüstet, kann man den Schlamm aufsammeln. Die Arbeit ist mühsam und braucht viel Kraft, da Schlamm sehr schwer ist. Dabei sollten Sie im Schlamm vergrabene Libellen- und Käferlarven sowie andere Kleintiere auffangen und später wieder einsetzen. Gleichzeitig zeigt sich bei der Arbeit, welche Pflanzen kräftig gewachsen sind und gegebenenfalls geteilt werden sollten (siehe Seite 140 f.). Bei allen Arbeiten sollte man keine spitzen Werkzeuge verwenden, weil man mit diesen die Folienabdichtung beschädigen könnte. Ist die Schlammschicht entfernt, kann man das aufgefangene Wasser wieder in den Teich laufen lassen, Fische und Kleintiere einsetzen. Füllen Sie Leitungswasser gemischt mit Regenwasser nach. In der Regel ist das Entfernen von Schlamm alle drei bis fünf Jahre notwendig.

Wasserpflanzen pflegen

Wer einen Wassergarten hat, muss vor allem den Bewuchs im Zaum halten.

Im Grunde sind alle Pflanzen am und im Gartenteich nicht besonders pflegeaufwändig. Meist brauchen die Gewächse etwas länger, bis sie sich an die neuen Bedingungen gewöhnt haben. Sind sie aber erst einmal eingewachsen, beschränkt sich die Pflege tatsächlich auf einige wenige Aufgaben im Verlauf der Saison. Im Frühling müssen die abgestorbenen Pflanzenteile entfernt werden, damit sich der Neuaustrieb ungehindert entfalten kann. Wenn die Pflanzen zur Blüte kommen, sollte man regulierend eingreifen und Fruchtstände frühzeitig entfernen, damit die Pflanzen sich nicht zu stark durch Versamung ausbreiten. Wenn im Teich das Gleichgewicht ins Wanken kommt, können auch die Pflanzen darunter leiden und Krankheiten auftreten. Befallene Pflanzenteile sollten entfernt werden. Zugleich sollte man auch den Fehlern auf den Grund gehen. So kann eine Seerose (*Nymphaea*), die eine Wassertiefe von 80 cm braucht und stark wächst, in einem 2–3 m² großen Teich nicht lange gesund bleiben. Ein Austausch gegen eine schwachwüchsige Sorte (siehe Tabelle auf Seite 83) verringert die Probleme. Im Spätherbst muss man die Pflanzen auf die bevorstehende Winterruhe vorbereiten (siehe Seite 142).

Wenn der Wassergarten zuwuchert

Ein oft zu beobachtendes Problem ist das üppige Pflanzenwachstum am und im Teich. Bei reichem Nährstoffangebot entwickeln sich die Pflanzen zu kräftig. Da immer auch ein Teil der Wasseroberfläche und des Uferbereiches frei von Pflanzen sein sollte, muss man unbedingt eingreifen. Leicht lassen sich die nicht im Boden

Wie werden Wasserpflanzen mit Nährstoffen versorgt ?

In der Regel versorgen sich die Pflanzen im Wasser selbstständig mit Nährstoffen. Zum einen verwerten sie die im Wasser gelösten Stoffe. Zum anderen können sie über die Wurzeln auch aus dem Boden Nährstoffe aufnehmen. Daher kann man im Normalfall auf die Düngung verzichten. Ein echter Nährstoffmangel kündigt sich durch eindeutige Symptome an. Wenn die Blätter vergilben, die Blüten rar sind und sich Krankheiten an den Pflanzen ausbreiten, sind das eindeutige Anzeichen für einen Nährstoffmangel. Vor allem bei Gewächsen, die in Körbe gepflanzt werden, können diese Schadbilder auftreten. Schließlich steht den Wurzeln nur ein begrenzter Wurzelraum zur Verfügung und eine Versorgung aus dem Boden ist nicht möglich. Nicht ganz einfach ist es jedoch, den Dünger tatsächlich zu verteilen. Er muss direkt an die Wurzeln gebracht werden und sollte sich nicht schon im Wasser

auflösen. Man verwendet vorzugsweise organische Langzeitdünger oder Hornspäne. Um die Nährstoffe an die Pflanzen zu bringen, gibt es zwei Möglichkeiten: Entweder man nimmt schweren Lehm und mischt ihn mit dem Dünger, bis man kleine Kugeln formen kann. Diese werden neben den Wurzeln in den Boden gedrückt. Man kann den Dünger aber auch einfrieren und die Eiswürfel in die Erde drücken. Wichtig ist dabei nur, dass man einen großen Stein zum Beschweren darauf legt, damit der Eiswürfel nicht aufschwimmt. Grundsätzlich sollte man die Nährstoffe nur in schwacher Dosierung ausbringen. Besonders „hungrig" sind folgende Pflanzen: Froschlöffel (*Alisma plantago-aquatica*), Blumenbinse (*Butomus umbellatus*), Wassernuss (*Trapa natans*), Hechtkraut (*Pontederia cordata*) und Goldkeule (*Orontium aquaticum*). Auch starkzehrende Seerosen (*Nymphaea*-Sorten) sollten

mit Hilfe der beschriebenen Maßnahmen gedüngt werden. In einzelnen Fällen muss man einen Blattdünger einsetzen, der rasch die Unterversorgung behebt. Wichtig ist allerdings, dass man sehr behutsam die schwach dosierte Lösung auf die Blätter streicht. Sonst gelangen die Nährstoffe ins Wasser, ohne zuvor von den Blättern aufgenommen worden zu sein. Bedeckte Tage sind für die Arbeit ideal, um Verbrennungen an den Pflanzen zu vermeiden. Natürlich muss man auch beim Düngen in Teichnähe immer vorsichtig sein und darauf achten, dass kein Dünger ins Wasser gelangt. Beim Ausbringen von stärkenden Pflanzenaufgüssen mit Hilfe eines Sprühgeräts sollte man die Windrichtung beachten, damit die feinen Lösungstropfen nicht durch den Wind in das Wasser gelangen. Besonders Brennnesselbrühen sind für ihren hohen Stickstoffgehalt bekannt.

verwurzelten Pflanzen entfernen. Man fischt sie mit einer Harke heraus und belässt nur wenige Exemplare im Wasser. Pflanzkörbe werden aus dem Teich herausgenommen. Man teilt diese Pflanzen wie unten beschrieben und setzt Teilstücke erneut ins Wasser. Etwas aufwändiger wird es, wenn die Pflanzen im Teichgrund fest verwurzelt sind. Die Pflanzenentnahme sollte mit dem Entfernen von Schlamm einhergehen. So kommt man besser an die Pflanzen heran und gleichzeitig werden Nährstoffe reduziert, sodass das Wachstum zunächst gedrosselt wird. Für Seerosen ist der Zeitpunkt des Teilens übrigens immer dann gekommen, wenn die Blätter nicht auf der Wasseroberfläche liegen, sondern herausstehen und die Pflanzen wenig blühen.

Große Pflanzen teilt man sauber mit dem Spaten

Kleines Einmaleins der Vermehrung

Ein kräftiger, horstartiger Wuchs kommt bei den Uferpflanzen, aber auch bei den Gewächsen der flachen Wasserzone häufig vor. Diese Pflanzen lassen sich durch Teilung leicht vermehren. Der kräftige Ballen wird dazu mit dem Spaten oder einem Messer in kleinere, mindestens handgroße Stücke zerteilt. Wichtig ist, dass man die Pflanzen dazu komplett aus dem Teich beziehungsweise Boden nimmt. Am besten gelingt die Teilung im Frühling, weil die Pflanzen mit dem Austrieb in ihrer wüchsigsten Phase sind und sich rasch neue Wurzeln bilden. Muss man an den Teichrändern arbeiten, so ist vor allem bei Folienteichen größte Vorsicht geboten, da man leicht mit dem Spaten oder der Grabegabel die Abdichtung beschädigt. Für die Teilung eignen sich vor allem Gräser wie Seggen (*Carex*) und Chinaschilf (*Miscanthus sinensis*) sowie Sumpf-Dotterblume (*Caltha palustris*) und Goldkeule (*Orontium aquaticum*). Ähnlich einfach ist die Vermehrung der rhizombildenden Wasserpflanzen wie Seerosen (*Nymphaea*) und Hechtkraut (*Pontederia cordata*). Wenn die Blätter im Frühling noch schwach entwickelt sind, kann man die fleischig verdickten Wurzelstöcke gut von der Ursprungspflanze abtrennen. Mitunter haben die Rhizome auch bereits Wurzeln und Tochterpflanzen gebildet, die man abschneiden kann. Bei großen Schnittstellen sollte man darauf achten, dass der Schnitt glatt verläuft, und ihn zur Desinfektion mit Aktivkohle bestäuben. Die Teilstücke werden in Pflanzkörbe gesetzt, die mit Substrat gefüllt und mit Kies zum Beschweren abgedeckt werden. Man stellt die Körbe zunächst in flaches Wasser und mit zunehmendem Wachstum rückt man die Jungpflanzen in die tieferen Teichregionen.

Eine andere für Wasserpflanzen typische Wuchsform ist die Ausläuferbildung. An diesen Trieben bilden sich Tochterpflanzen, die man jederzeit abtrennen kann. Krebsschere (*Stratiotes aloides*), Muschelblume (*Pistia stratiotes*) und Wassernabel (*Hydrocotyle vulgaris*) lassen sich so leicht vermehren.

Den Teich **winterfest** machen

Wenn die Temperaturen im Herbst sinken, kehrt Ruhe in den Wassergarten ein.

Die herbstlichen Pflegearbeiten wie Rückschnitt und Entfernen von Herbstlaub gehen nahtlos in die Wintervorbereitungen über. Wenn im Oktober und November die ersten Fröste angekündigt werden, muss man die empfindlichen Wasserpflanzen schützen. Die aus den Tropen stammenden Arten wie Muschelblume (*Pistia stratiotes*) und Wasserhyazinthe (*Eichhornia crassipes*) werden ebenso wie tropische Seerosen (*Nymphaea*) und Lotosblumen (*Nelumbo*) aus dem Teich genommen und frostfrei überwintert. Empfindliche Wasserpflanzen wie Hechtkraut (*Pontederia*), Goldkeule (*Orontium*) und Houttuynie (*Houttuynia*) leiden unter der Kälte, wenn sie in zu flachem Wasser stehen. Die Pflanzkörbe sollten jetzt in etwa 50 cm tiefes Wasser gerückt werden. Bei Mini-Wassergärten und mobilen Wassergärten sollten Sie das Wasser ablassen, nicht frostfeste Gefäße und Pumpen sowie Pflanzen frostfrei überwintern.

Die Besonderheiten des gefrierenden Wassers

Wenn Wasser gefriert, so dehnt es sich aus, deshalb muss man alle Wasserleitungen im Winter abstellen und auch leerlaufen lassen. Auch Pumpen und Wasserspiele verlieren ihre Funktionsfähigkeit, wenn sie durchfrieren. Daher montiert man sie ab und sorgt dafür, dass sie in Eimern an einem frostfreien Platz überwintern. Flache Wasserbecken und Wandbrunnen müssen ebenso vom Wasser befreit und abgedeckt werden, damit sie von der Ausdehnungskraft des Wassers nicht zerstört werden. Filter werden abgebaut und gereinigt, bevor man sie in den trockenen Keller stellt. Wenn Fische im Teich sind, muss man verhindern, dass die Wasseroberfläche komplett zufriert und so der Gasaustausch behindert wird. Gräser, Binsen und Röhricht sollten zunächst einmal nicht zurückgeschnitten werden, weil sie auf natürliche Art und Weise mit ihren Halmen den Gasaustausch ermöglichen. Man kann auch Gräserbündel in das Wasser legen, um den gleichen Effekt zu erzielen. Mit mechanischen Eisfreihaltern oder oder elektrisch betriebenen Teichheizern kann man eine geschlossene Eisdecke verhindern. Auch der Oxidator ist im Winter eine Hilfe, weil er die Sauerstoffversorgung aufrecht erhält. Er enthält Wasserstoffsuperoxid, das mit Hilfe eines Katalysators in Wasser und Sauerstoff umgewandelt wird.

Rückzugsräume für Tiere schaffen

Nicht nur für die Fische ist der Winter eine Ruhezeit und zugleich eine Herausforderung. Die Tiere, die im und am Wassergarten leben, benötigen jetzt Schutzräume. Daher sollte man Schnittgut, das beim Herbstputz in den Beeten anfällt, und Steinhaufen in der Nähe des Teiches anlegen. Dieser Schutzplatz sollte abgelegen sein, damit die Tiere sich bei ihren Wintervorbereitungen nicht gestört fühlen. Schaffen Sie Nischen, die mit Herbstlaub ausgefüllt werden, und legen Sie einige Rohrstücke dazwischen. So finden alle Tiere ein passendes Winterquartier, wo sie sich geschützt in den Winterschlaf begeben oder sich zumindest in den kalten Wochen zurückziehen können.

Es gibt immer *eine Lösung*

Analysieren Sie das Problem akribisch und finden Sie rasch Abhilfe.

Wenn der Wassergarten sich nicht zufriedenstellend entwickelt, gibt es nur eine sinnvolle Vorgehensweise. Man sucht nach der Ursache für das Problem und bekämpft diese. Dabei sollte man immer das Alter des Gartenteiches und Veränderungen in der Umgebung berücksichtigen, weil auch diese zu Schwankungen im Gefüge des Wassergartens führen können.

Unerwünschtes Pflanzenwachstum

Während im Garten meistens das Kümmern ein großes Problem ist, steht man im Wassergarten häufig vor einem viel zu üppigen Wachstum. So kann sich beispielsweise die Kleine Wasserlinse (*Lemna minor*) so stark ausbreiten, dass der ganze Teich von den kleinen grünen Blättchen bedeckt ist. Diese heimische Pflanze, die man durch neue Wasserpflanzen oder Wasservögel einschleppt, profitiert vor allem in neu angelegten Teichen von dem nährstoffreichen Wasser. Wenn die so genannte „Entengrütze" zu dicht wird, schöpft man sie ab, damit Schwimmpflanzen eine Chance haben.

Mitunter kann man auch bei Seerosen (*Nymphaea*-Arten und -Sorten) ein übermäßiges Wachstum beobachten. Die Blätter liegen in diesem Fall nicht mehr flach auf der Wasseroberfläche, sondern sie stehen senkrecht aus dem Wasser. Hierfür gibt es mehrere Ursachen. In kleinen Teichen könnte es daran liegen, dass die gewählte Sorte grundsätzlich zu kräftig wächst. Man sollte eine für die Wassertiefe geeignete Sorte wählen. Wenn das Problem bei einem alten Gartenteich auftritt, so muss

Wüchsige Pflanzen können zum Problem werden

Die Amerikanische Scheinkalla (*Lysichiton americanus*) ist für den Teichgärtner eine Verlockung: Stattlich baut sich die Pflanze am feuchten Ufer und im nassen Sumpf auf. Im Frühjahr erscheinen zuerst die attraktiven gelben Hochblätter, die sich um den eigentlichen kolbenförmigen Blütenstand legen. Später wachsen die auffällig geaderten Blätter heran. Nicht nur das dekorative Aussehen fasziniert, sondern auch der gesunde, üppige Wuchs. Doch genau dieser Punkt wird für den Besitzer von Teich oder Bachlauf zu einer Falle, denn die aus Amerika eingeführte Staude hat in unseren Breiten keine natürlichen Konkurrenten, die ihrem Ausbreitungsdrang etwas entgegenzusetzen hätten. Daher wird die Schönheit im Wassergarten innerhalb von wenigen Jahren zu einem Problem. Zunächst wachsen die Horste in die Breite und wenn die Samen gekeimt haben, werden die Pflanzen zunehmend lästig.

Das Problem besteht dabei nicht nur darin, dass sich die Amerikanische Scheinkalla vermehrt, sondern sie verdrängt auch die Pflanzen, die am Ufer bereits angesiedelt worden sind. In ihrer Heimat ist das Problem nicht in dem Maße vorhanden, weil natürliche Gegenspieler verhindern, dass die Pflanzen in zu großer Überzahl vorhanden sind. Vor ganz ähnlichen Problemen steht man bei der Kanadischen Wasserpest (*Elodea canadensis*). Diese Unterwasserpflanze breitet sich unter Wasser so stark aus, dass die Triebe den gesamten Teich bis unter die Wasseroberfläche besiedeln. Die Wasserpest wächst und verzweigt sich nicht nur stark, sondern auch jedes kleine Teilstück besitzt ein enormes Regenerationsvermögen und treibt wieder aus. Selbst große Seen sind in Deutschland so stark von der Wasserpest „befallen", dass die Nutzung für den Wassersport nicht mehr möglich ist.

Stehen die Blätter der Seerosen aus dem Wasser heraus, müssen die Pflanzen ausgedünnt werden

man die Seerose, die sich mit ihren kräftigen Rhizomen im Laufe der Zeit ausbreitet, teilen. Außerdem sollte man überprüfen, ob die Schlammschicht auf dem Grund des Wassergartens so stark angewachsen ist, dass die ursprüngliche Tiefe nicht mehr gegeben ist. Den größten Erfolg verspricht in diesem Fall das gründliche Entfernen der am Grund angesammelten Ablagerungen, nachdem man einen Teil des Wassers abgelassen hat. Gleichzeitig werden die Pflanzen geteilt und neu gepflanzt.

Unerwünschte Tiere

Attraktive Wassergärten stehen auch bei einigen Wasservögeln hoch im Kurs. Ein Entenpaar beispielsweise sucht nicht selten die Hausgartenidylle auf. Zunächst ist man begeistert, wenn sich Nachwuchs einstellt und die kleinen gelben Entlein mutig über das Wasser schwimmen. Aber man sollte sich nicht zu früh freuen. denn die Enten verunreinigen das Wasser stark und und verwüsten die Teichbepflanzung. Durch ihre Exkremente kann der Nährstoffgehalt im Wasser explosionsartig ansteigen. In großen Teichen sind die Auswirkungen weniger drastisch. Ein anderer Vogel, der nicht selten im Hausgarten eine Stippvisite macht, ist der Graureiher. Er wird durch einen reichen Fischbesatz angelockt und hat schon so manchen Koi-Liebhaber verärgert. Man sollte ihn mit Hilfe von schillernden Windspielen oder einer Reiherattrappe aus Kunststoff vertreiben, damit er die Qualität der Nahrungsquelle nicht erst schätzen lernt. Dabei ist es natürlich auch wichtig, den Fischen vielfältige

Problematisch: Enten im Teich   *Graskarpfen – keine gute Empfehlung*

Versteckmöglichkeiten zu bieten. Nur mit Hilfe der Deckung einiger Schwimmblattpflanzen sind sie vor den Angriffen des Fischräubers sicher. Auch ein feinmaschiges Netz, das man unter der Wasseroberfläche spannt, schützt die Fische vor dem ungebetenen Gast.

Erst gepriesen, dann gemieden

Der Graskarpfen wird im Zoofachhandel als Algenvernichter angeboten. Auf den ersten Blick klingt die Lösung für die explosionsartige Vermehrung der grünen Schwaden einleuchtend. Was aber meistens bei dem Angebot verschwiegen wird, ist die Ernährung der Fische, wenn das Algenangebot knapp wird. Dann werden nämlich die auch die anderen Teichpflanzen dezimiert und im Laufe der Zeit wird jegliches Grün immer spärlicher. Aber man kann die Fische auch nicht einfach nach der erfolgreichen Algenbekämpfung aus dem Wasser herausnehmen. Daher sollte man sich besser auf andere Methoden der Algenbekämpfung beschränken, wie bereits auf Seite 136 f. geschildert.

Schlechtes Pflanzenwachstum

Für einen kümmernden Wuchs der Wasserpflanzen gibt es verschiedene Ursachen. Zunächst sollte man die gewünschten Standortbedingungen mit den Gegebenheiten vergleichen. Passen Wassertiefe oder Lichtsituation nicht zu den Ansprüchen, kann das dazu führen, dass die Pflanzen sich nicht wohl fühlen. Aber ebenso kann die Wasserqualität beeinträchtigt sein. Wenn die ersten Analysen keine Ergebnisse gebracht haben, sollte man daher unbedingt einen Wassertest machen und sehen, ob der pH-Wert oder die gelösten Stoffe Ursachen für die schlecht wachsenden Pflanzen sind. Wenn die Pflanzen in einem eingewachsenen Teich nach einigen Jahren immer kümmerlicher wachsen und blühen, außerdem für Krankheiten anfällig werden, so sollte man sie teilen und umpflanzen beziehungsweise mit Nährstoffen versorgen. Gerade wenn Seerosen & Co. in Pflanzkörbe gesetzt werden, kann der durchwurzelbare Raum im Laufe der Jahre knapp werden. Die Gefäße müssen aus dem Wasser genommen werden, damit man die Rhizome oder Horste in kleinere Teilstücke trennen kann. Anschließend pflanzt man kräftige und gesunde Pflanzen erneut in den Korb und setzt sie wieder ein. Nährstoffmangel kann man durch gezielte Düngergaben (siehe Kasten Seite 140) beheben.

Schädlinge an Wasserpflanzen

Wenn Schädlinge an Wasserpflanzen auftreten, so ist dieses in erster Linie ein Zeichen dafür, dass Sie den Pflanzen keine optimalen Wachstumsbedingungen bieten. Selbst wenn das Wachstum noch kraftvoll erscheint, sollten Sie überprüfen, ob der Wurzelraum knapp wird oder die Wasserqualität beeinträchtigt ist. Auch die Witterung kann zu den Problemen führen. In einem nassen, kühlen Sommer können sich die Wasserpflanzen weniger gut entwickeln und werden anfällig. Es kommt sogar durch die mäßigen Temperaturen zu Missbildungen und vergilbten Blättern. Vor allem bei Seerosen treten mitunter Schädlinge auf, die Blätter und Blüten in ihrer Schönheit beeinträchtigen. Zu ihnen zählen der Seerosen-Blattkäfer, dessen Larven Fraßgänge in die Seerosenblätter fressen, der Seerosen-Zünsler, dessen Raupen die Blätter der Seerosen verunstalten und Seerosen-Blattläuse, die bei massenhaftem Auftreten die Blüten verderben. Manchmal können auch Wasserschnecken zum Problem werden, wenn die Population stark angewachsen ist. Hier besteht die beste Hilfe im Absammeln oder auch Absprühen mit einem scharfen Wasserstrahl, wobei die Schädlinge nicht auf die Wasseroberfläche oder benachbarte Pflanzen gelangen sollten, von wo aus sie sich weiter ausbreiten können. Da Insektizide die Wasserqualität belasten, sollte man auf ihre Anwendung verzichten und auf vorbeugende Maßnahmen und eine Stärkung der Pflanzen setzen.

Probleme rund um den Teich und ihre schnelle Lösung

	Mögliche Ursachen	Lösungsansätze
Wassertrübung	Schwebalgen haben sich stark vermehrt. Anaerobe Bakterien besiedeln das Wasser in großer Anzahl.	Filter einsetzen und dem Wasser mit Hilfe eines Sprudlers Sauerstoff zuführen. Ursachenforschung betreiben.
Rascher Wasserverlust	Vermutlich befindet sich ein Loch in der Folienabdichtung des Teiches.	Lassen sie den Wasserstand absinken und legen Sie die Folie frei. Schweißnähte auf Löcher überprüfen, anschließend gegebenenfalls andere Lecks suchen (s. Seite 148 f.).
Langsamer Wasserverlust	Die Kapillarsperre ist nicht mehr intakt. Witterungsbedingt kommt es zu einer starken Verdunstung.	Ränder kontrollieren. Pflanzen entfernen, die über oder in die Kapillarsperre gewachsen sind. Wasser nachfüllen.
Wasser im Bach stagniert	Defekte Pumpe oder infolge von Bewegungen/Sackungen abgeknickter Schlauch.	Pumpe warten und reparieren. Schlauch korrekt verlegen, auf Risse untersuchen.

ÜBERSICHT

Schritt für Schritt ein Leck im Folienteich reparieren

Das Leck aufspüren

Zunächst muss die undichte Stelle in der Folie aufgespürt werden. Dazu füllt man den Teich bis zum üblichen Wasserspiegel auf. Nun markiert man den Wasserstand täglich. So sieht man rasch, wann und wo der Wasserverlust zum Stillstand kommt. Nun muss man die Folie gründlich nach dem Schaden absuchen. Meist handelt es sich um eine Beschädigung durch scharfe Werkzeuge oder kräftige Pflanzenwurzeln von Bambus, Rohrkolben und Schilf.

Ein Flicken wird angepasst

Hat man ein Loch gefunden, so markiert man es. Anschließend muss die Folie an dieser Stelle gründlich gereinigt und getrocknet werden, damit der Flicken, der in den nächsten Arbeitsschritten aufgesetzt wird, auch gut hält. Aus einem Reststück der ursprünglich verwendeten Teichfolie schneidet man nun mit einer scharfen Schere ein großzügiges Stück aus. Ideal ist ein runder Flicken, weil so die Kanten gut angedrückt werden können.

Der Flicken wird aufgeklebt

Bei einer Folie aus PVC verwendet man zum Ausbessern der Undichtigkeit einen handelsüblichen Folienkleber. Er wird wie auf der Packung beschrieben mit einem sauberen, trockenen Pinsel aufgetragen. Die Teile werden fest aufeinander gesetzt. Achten Sie unbedingt darauf, dass die Materialen sauber und trocken sind. Auch EPDM-Folien können mit einem Folienkleber aufeinander befestigt werden. Bei PE-Folien verwendet man ein Folienband.

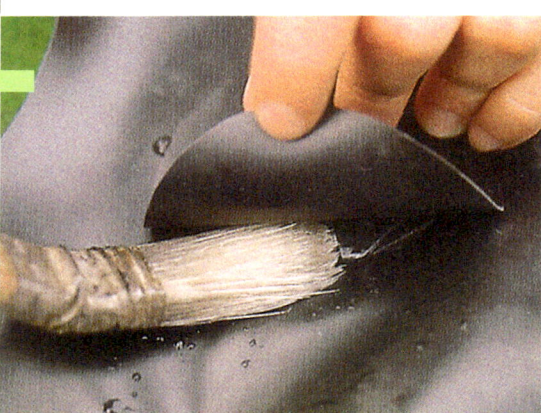

Der Flicken wird fest angedrückt

Mit einer Andrückrolle wird nun der Flicken aufgesetzt. Achten Sie darauf, dass vor allem die Ränder fest anliegen. Es sollten keine Luftblasen beim Klebevorgang entstehen. Anschließend lässt man ihn einige Stunden trocknen, bevor man wieder Wasser auffüllt. Dabei sollten Sie den Wasserspiegel zunächst nur bis dicht über den Flicken füllen und kontrollieren.

Arbeitskalender für das Jahr am und im Wassergarten

	Pflege von Teich und Wasserbecken	Pflege von Bachläufen/Wasserspielen
Januar	• Bei anhaltendem Frost muss man den Eisfreihalter kontrollieren bzw. die Funktion der Membranpumpe überprüfen.	• Wasserspiele ruhen, die Pumpen müssen im frostfreien Winterquartier sein. • Wasserbecken sollten geleert und abgedeckt sein, damit sie durch den Frost nicht beschädigt werden.
Februar	• Kontrolle bei den überwinternden Wasserpflanzen und nachfüllen von Wasser. • Eisfreihalter überprüfen.	• Wasserstand bei den Pumpen, die überwintert werden überprüfen. • Wartung der Pumpen: Dichtungen austauschen, damit sie für den Betrieb bereit sind.
März	• Rückschnitt aller Pflanzen am Ufer und im Sumpf der Teichanlage. • Oxidator bereit halten und einsetzen, wenn die Temperaturen wieder dauerhaft ansteigen. • Überwinterte Pflanzen stellt man an einen hellen Platz. Dieser sollte aber noch in der Wohnung und nicht zu warm sein. • Regenwasser wird gesammelt, um ggf. den Wasserstand wieder aufzufüllen.	• Mitte des Monats können allmählich die Wintersicherungen abgenommen werden. • Bei anhaltendem Frühlingswetter kann der Bachlauf wieder in Betrieb genommen werden. Dafür muss die Pumpe eingesetzt werden. • Wasserbecken werden gründlich gereinigt und nur dann befüllt, wenn die Witterung es zulässt.
April	• Mit den steigenden Temperaturen beginnen die Algen zu wachsen. Sie müssen regelmäßig entfernt werden. Der Oxidator sollte eingesetzt werden, damit das Wasser genügend Sauerstoff bekommt. • Ab Ende des Monats beginnt die Pflanzzeit für Wasserpflanzen. Neben den Pflanzen muss man Körbe, Vlies und Kies bereithalten. • Am Schwimmteich nimmt man Filteranlagen wieder in Betrieb, damit das Wasser geklärt wird und sauber ist, bis die Badesaison eröffnet wird.	• Brunnen und Sprudelsteine werden in Betrieb genommen. • Die Zeit ist ideal, um ein neues Wasserspiel zu bauen oder einen Bachlauf anzulegen. • Die ersten Frühlingsblüher am schattigen Bach stehen in voller Blüte.
Mai	• Hat der Teich Wasser verloren, muss man Regenwasser auffüllen. Sinkt der Pegel wieder ab, sucht man den Ursachen. • Schwimmblattpflanzen, die kümmern oder sehr groß geworden sind, nimmt man aus dem Wasser, teilt sie und pflanzt sie neu. • Die überwinterten Pflanzen verlassen das Haus und werden ins Wasser gesetzt. • Algen werden regelmäßig entfernt. • Wenn die Fische wieder sichtbar werden, beginnt man sie zu füttern. • Der Monat eignet sich für Nachpflanzarbeiten am Gartenteich oder die Bepflanzung eines saisonalen Miniwassergartens.	• Alle Wasserspiele und der Bachlauf sind in Betrieb. • Haben sich die Pflanzen stark vermehrt, so kann man sie teilen. Dabei behutsam mit Spaten und Grabegabel sein, damit die Isolierung nicht beschädigt wird. • In diesen Wochen kann der Bachlauf neu oder nachgepflanzt werden.
Juni	• Wasserpflanzen, die schlecht wachsen, werden mit Dünger versorgt. • Wasserstand und -qualität müssen regelmäßig kontrolliert werden. Wenn das Algenwachstum nicht zurück geht, muss man nach Ursachen forschen. Als erste Hilfe kann man die Schwaden mit einer Harke aus dem Wasser fischen.	• Verblühtes am Bachufer wird zurückgeschnitten. In einem Kontrollgang wird die Einrichtung des Bachbettes überprüft. • Weggespülter Kies wird neu ausgelegt und freigelegte Uferpflanzen werden wieder abgedeckt.

Arbeitskalender für das Jahr am und im Wassergarten

	Pflege von Teich und Wasserbecken	Pflege von Bachläufen/Wasserspielen
Juli	• Bei anhaltend schönem Wetter verdunstet viel Wasser, sodass man gelegentlich Regenwasser auffüllen muss. • Jetzt gibt es im Gartenteich nur wenig zu tun, sodass man die Anlage in vollen Zügen genießen kann. • Nun kann man gut einen Miniteich in einer Zinkwanne oder in einem Kübel auf Balkon oder Terrasse aufstellen	• Jetzt müssen die technischen Einrichtungen alle gewartet werden. Pumpen und Düsen reinigt man, damit sie weiterhin störungsfrei arbeiten. • Stellen Sie die Zeitschaltuhr für Wasserspiele um, weil man im Sommer länger im Garten sitzt.
August	• Die Ferienzeit wird für eine Grundreinigung genutzt. Bei gutem Wetter kann man das Wasser im Teich ablassen und dann den Schlamm vom Grund des Teiches entfernen. • Die ersten Uferpflanzen haben Fruchtstände entwickelt, die man abschneiden sollte, bevor sich die Pflanzen versamen. • In einem nassen, kühlen Sommer kümmern die Seerosen und werden krankheitsanfällig. • Überprüfen Sie den Fischbesatz. Wenn sich die Fische stark vermehrt haben, sollten Sie einige Tiere an Freunde abgeben.	• Schneiden Sie stark gewachsene Uferpflanzen zurück. • Bei anhaltendem Regen laufen die geschlossenen Systeme über. Um Schäden zu vermeiden, sollte man notfalls etwas Wasser kontrolliert abschöpfen. Bei starker Hitze muss dagegen Wasser eingefüllt werden, da durch die Verdunstung viele Liter verloren gehen.
September	• Die Netze zum Auffangen von Blättern müssen über der Wasseroberfläche gespannt werden. • Pflanzen, die sich stark vermehrt haben, werden aus dem Wasser gefischt beziehungsweise geteilt. • Jetzt ist die letzte Möglichkeit für eine gründliche Aufräumaktion im Teich.	• Die Abende werden kürzer und kälter, daher kann man jetzt die Zeitschaltuhr für Wasserspiele wieder zurück stellen. • Uferpflanzen können geteilt und neu gepflanzt werden. • Die Zwiebeln für die Frühjahrsblüte in der Sumpfzone müssen gelegt werden.
Oktober	• Wenn die Wassertemperaturen sinken, kann man die Fütterung der Fische einstellen. Sie ziehen sich allmählich zurück. • Herbstlaub muss regelmäßig abgefischt werden. Wer Netze gespannt hat, sollte sie regelmäßig einholen und leeren. Wartet man zu lange, sind sie so schwer, dass sie reißen. • Alle Pflanzenteile, die vom Ufer ins Wasser hängen, werden abgeschnitten. • Wenn sich Frost ankündigt, müssen die empfindlichen Schwimm- und Wasserpflanzen ins Haus geholt werden.	• Am Bachlauf und Brunnenbecken muss das Herbstlaub abgefischt werden, damit es nicht die Pumpe oder den Überlauf verstopft. • Sobald die Temperaturen nachts unter Null Grad sinken, sollte man die Wasserspiele abstellen und mit dem Abbau der Technik beginnen.
November	• Die Miniteiche werden abgebaut oder so aufgestellt, dass sie frostfrei überwintert werden können. • Schaffen Sie am Ufer Laub- und Totholzhaufen, um den Tieren, die am Wasser leben, eine Überwinterungsmöglichkeit zu geben. • Stark bemooste Randsteine werden gereinigt. Auf Holz, das rutschig wird, nagelt man Hasendraht, um Unfälle zu verhindern.	• Vor der Anbringung von Abdeckungen für Brunnen und Becken, werden diese mit der Bürste kräftig gesäubert. • Die Pumpen werden abmontiert, gereinigt und in einem Eimer mit Wasser frostfrei aufgestellt.
Dezember	• Machen Sie gelegentlich einen Kontrollgang rund um den Teich. Beleuchten Sie die Anlage in den frühen Abendstunden.	• Nur noch die für den Winterbetrieb notwendigen Pumpen laufen. Alle Wasserleitungen lässt man leerlaufen und stellt sie ab.

Bezugsquellen

Materialien
(Folien, Fertigteiche),
Teichtechnik und -pflege

re-natur
(Folien, Sumpfbeet-Klärstufen,
Schwimmteiche, Wasserpflanzen)
Charles-Ross-Weg 24
24601 Ruhwinkel
Tel.: 04323-90100
Fax: 04323-901029
www.re-natur.de
E-Mail: info@re-natur.de

Pondtech
Leipziger Weg 6
31552 Rodenberg
Tel.: 05723-917340
Fax: 05723-917341
www.pondtech.de
E-Mail: info@pondtech.de

Heissner
Schlitzer Straße 24
36341 Lauterbach
Tel.: 06641-860
Fax: 06641-86299
www.heissner.de
E-Mail: info@heissner.de

Ubbink Garten
Im Fisserhook 11
46395 Bocholt
Tel.: 02871-21010
Fax: 02871-210170
www.ubbinkgarden.com
E-Mail: info@ubbinkgarden.de

Holzum
Empeler Straße 91
46459 Rees
Tel.: 02851-92360
Fax: 02851-923630
www.holzum.de
E-Mail: info@holzum.de

Oase
Tecklenburger Straße 161
48477 Hörstel-Riesenbeck
Tel.: 05454-800
Fax: 05454-80235
www.oase-pumpen.com
E-Mail: info@oase-pumpen.de

G&F Gartenteiche
Erlenstraße 2
48485 Neuenkirchen
Tel.: 05973-947723
Fax: 05973-947795
www.teichvertrieb.de
E-Mail: info@teichvertrieb.de

naturagart Natur und Garten
Riesenbecker Straße 63
49479 Ibbenbüren-Dörenthe
Tel.: 05451-59340
Fax: 05451-593419
www.naturagart.de
E-Mail: info@naturagart.de

Müller & Co.
(Tondichtungsbahnen)
Birkenweg 4
57339 Erndtebrück
Tel.: 02753-2247
Fax: 02753-4937
www.fradimat-mueller.de
E-Mail: info@fradimat-mueller.de

Aquaplan Held
Gottlieb-Daimler-Straße 5–7
75050 Gemmingen
Tel.: 07267-91260
Fax: 07267-606
www.held-teichsysteme.de
E-Mail: info@held-teichsysteme.de

Gardena
(Licht- und Gartentechnik)
Hans-Lorenser-Straße 40
89079 Ulm
Tel.: 0731 - 490123
Fax: 0731- 490249
www.gardena.com
E-Mail: service@gardena.com

Wassertests und Pflegemittel

Tetra Werke
Herrenteich 78
49324 Melle
Tel.: 05422-1050
Fax: 05422-42985
www.tetra.net
E-Mail: info@tetra.net

Wasserpflanzen

Wasserpflanzenkulturen
Eberhard Schuster
(Spezialität: Seerosen, Iris)
Kladower Weg 6
19089 Crivitz-Augustenhof
Tel.: 03863-222705
Fax: 03863-22706
www.wasserpflanzen-schuster.de
E-Mail: eberhard.schuster@t-onli-
ne.de

re-natur
(siehe Materialien)

Karl Wachter
Wasserpflanzen
Rollbarg 24
25482 Appen-Etz
Tel.: 04101-62511
Fax: 04101-61026
www.karlwachter.de
E-Mail: karlwachter@t-online.de

Jörg Petrowsky
Aschauteiche 2
29348 Eschede
Tel.: 05142-803
Fax: 05142-4030
www.seerosensorten.de
E-Mail:
petrowsky@seerosensorten.de

Stauden Junge
Seeangerweg 1
31787 Hameln
Tel.: 05151-3470
Fax: 05151-924345
www.bluetenblatt.de
E-Mail: info@bluetenblatt.de

Gärtnerei Germann
Wasserpflanzen
Rübsamenwühl 22
67346 Speyer
Tel.: 06232-63040
Fax: 06232-63041
www.gaertnerei-germann.de
E-Mail: info@gaertnerei-germann.de

Seerosen-Farm Erhard Oldehoff
Sieglmühle 2
94065 Hauzenberg
Tel.: 08586-1693
Fax: 08586-91534
www.seerosen-farm.de
E-Mail: seerosen-farm@t-online.de

Kindersicherungen

Kunststoff-Sicherungsnetze:
Seilerwaren Gampper & Gagstätter
Obere Straße 19
71134 Aidlingen
Tel.: 07034-5359

Edelstahl-Sicherungsgitter:
G&F Gartenteiche
Erlenstraße 2
48485 Neuenkirchen
Tel.: 05973-947723
Fax: 05973-947795
www.teichvertrieb.de
E-Mail: info@teichvertrieb.de

Verbände/Vereine

Bundesverband Garten-, Landschafts-
und Sportplatzbau e.V.
Alexander-von-Humboldtstraße 4
53604 Bad Honnef
Tel.: 02224-7707-0
Fax: 02224-7707-77
www.galabau.de
E-Mail: info@galabau.de

Deutsche Gesellschaft für naturnahe
Badegewässer e.V.
Bei der Ratsmühle 14
21335 Lüneburg
Tel.: 07000-7008787
Fax: 07000-7008786
www.kleinbadeteiche.de
E-Mail: info@kleinbadeteiche.de

Verband Deutscher Vereine für Aqua-
rien- und Terrarienkunde e.V. (VDA)
Geschäftsstelle Hans Stiller
Luxemburger Straße 16
44789 Bochum
Tel.: 0234-381650
Fax: 0234-382590
www.vda-online.de
E-Mail: HansStiller@aol.com

Bundesverband Schwimmbad &
Wellness e.V.
An Lyskirchen 14
50676 Köln
Tel.: 0221-2716690
www.bsw-web.de
E-Mail: info@bsb-web.de

Zentralverband Zoologischer Fachbe-
triebe Deutschlands e.V. (ZZF)
Rheinstraße 35
63225 Langen
Tel.: 06103-91070
Fax: 06103-910733
www.zzf.de
E-Mail: info@zzf.de

Gesellschaft d. Wassergartenfreunde
Am Rübsamenwühl 22
67346 Speyer
Tel. 06232-63040
Fax: 06232-63041
www.wassergarten.de
E-Mail:
gaertnerei-germann@t-online.de

Naturgarten e.V.
Kernerstr. 64
74076 Heilbronn
Tel.: 07131-6499996
Fax: 07131-6499997
www.naturgarten.org
E-Mail:
geschaeftsstelle@naturgarten.org

Internet-Links

www.der-teich.de

www.hobbygartenteich.de

Bücher

Bollerhey, H., Germann, Th., Wachter,
K.: Der Wassergarten. Ulmer Verlag,
Stuttgart 2005.

Bridgewater, A., Bridgewater, G.: Holzdecks. Ulmer Verlag, Stuttgart 2003.

Christmann, A.: Miniteiche und Brunnen. Ulmer Verlag, Stuttgart 2005.

Franke, W.: Der Traum vom eigenen
Schwimmteich. BLV Verlag, München
2004.

Hagen, P.: Teichbau und Teichtechnik.
Ulmer Verlag, 3. Auflage, Stuttgart
2002.

Hagen, P.: Teichpflege leicht gemacht.
Ulmer Verlag, Stuttgart 2002.

Hagen, P.: Wasser im Garten, Ulmer
Verlag, Stuttgart 2003.

Heinzelmann, G.: Wasserzauber,
Experimente und Spiele rund um das
Wasser. Beltz Verlag, 2. Auflage,
Weinheim 2004.

Pitham/Holmest: Gesunde Koi, Ulmer
Verlag, Stuttgart 2004.

Hofmann, K.F., Wissing, F.: Wasserreinigung mit Pflanzen, Ulmer Verlag,
Stuttgart 2002.

Howcroft, H.: Brunnen. Callwey
Verlag, München 2001.

Jansen, A.: Teichpflanzen einsetzen &
pflegen. Gräfe und Unzer Verlag,
München 2003.

Kircher, W.: Wasserpflanzen für den
Garten. Ulmer Verlag, Stuttgart 1996.

Krausch, H.-D.: Farbatlas Wasserpflanzen und Uferpflanzen. Ulmer
Verlag, Stuttgart 1996.

Schaefer, C.: Fische im Gartenteich,
Ulmer Verlag, Stuttgart 2000.

Seegers, L.: Teiche und Tümpel im
Garten, Ulmer Verlag, Stuttgart 1998.

Stadelmann, P.: Fische für den
Gartenteich. Gräfe und Unzer Verlag,
München 2005.

Stadelmann, P.: Wassergarten für
Einsteiger. Gräfe und Unzer Verlag,
München 2001.

Thinschmidt, A., Böswirth, D.:
Wassergärten. Ulmer Verlag
Stuttgart, 2001.

Wachter, K.: Seerosen. Ulmer Verlag,
Stuttgart 1998.

Zeitschriften

Gartenpraxis
Verlag Eugen Ulmer KG,
70599 Stuttgart

Flora Garten, Gruner + Jahr AG,
20444 Hamburg

Gartenteich, Dähne Verlag GmbH,
76275 Ettlingen

Kraut & Rüben, DLV GmbH,
Lothstraße 29, 80797 München

Mein schöner Garten,
Burda Senator Verlag, Postfach 1520,
77605 Offenburg

Register

Seitenzahlen mit Sternchen*
verweisen auf Fotos und
Zeichnungen

Pflanzennamen
(bot. Namen kursiv)

Bildquellen

Bollerhey, Herbert Seite 60 o., 60 M., 60 u., 61 o., 64.
Duff, Michael (USA) Seite 82.
GBA/Didillon Seite 12 re. GBA/GPL Seite 22, 66 li. o., 143.
GBA/Nichols Seite 8/9, 68 re. u. GBA/Noun Seite 32/33, 48.
GBA/Perder Seite 47, 49 u., 58, 107. GBA/Wothe Seite 52 o., 52 u.
Haberer, Martin Seite 114 re. o.
Hagen, Peter Seite 148 o., 148 2. v. o., 148 2. v. u., 148 u.
Hagen, Peter; mit freundlicher Genehmigung der Firma DIA/Diekmann, Zum Hämeer Wald 21, 31275 Lehrte/Arpke: Seite 38 o., 38 M., 38 u.
Hecker, Frank Seite 30 M., 30 u., 40 li. u., 50 re. u., 53 u., 71 re. u.
Neuenschwander, Eduard Seite 92, 93 u. li., 93 u. re.
Oase Seite 66 re. o., 84 li., 84 re., 85, 108.
Redeleit, Wolfgang Seite 12 li., 13, 19, 21, 25, 26 o., 26 u., 27 o., 27 u., 28 li., 28 re., 35, 36, 37, 39, 44 o., 49 o., 54, 55, 56/57, 61 M., 61 u., 62 o., 62 M., 62 u., 63 o., 63 M., 63 u., 89, 94 li., 99 li. u., 100, 102 o. li., 102 u. li., 102 u. re., 110 o., 110 u., 111 o., 111 u., 112 o., 112 u., 113, 117 li., 117 re., 120 o., 120 u., 123, 125 li., 126 o., 126 u., 134 o., 134 M., 134 u., 137 li., 137 re., 138, 139, 141,
Reinhard, Nils Seite 42 li. o., 45 li. o., 65 li. 68 li. u., 77 li. o., 77 re. u., 78, 99 li. o., 119.
Reinhard, Hans Seite 10, 14, 30 o., 31, 40 re. o., 40 re. u., 42 re. u., 45 (Freisteller), 44 u., 45 o., 50 re. o., 50 li. u., 53 M., 65 re., 66 li. o., 66 re. u., 68 li. o., 71 li. o., 71 li. u., 73 (Freisteller), 74 li. o., 74 re. o., 77 li. u., 86/87, 96 li. o., 96 li. u., 96 re. o., 96 re. u., 99 re. o., 99 re. u., 104/105, 114 li. o., 114 re. u., 125 re., 125 M., 132/133, 144, 145, 146 re.
Sauer, Dr. F.; Hecker, Frank Seite 50 li. o., 53 o., 101 li.
Strauß, Friedrich Seite 15, 16, 34, 40 li. o., 42 li. u., 42 re. o., 59, 68 re. o., 71 re. o., 72, 74 li. u., 74 re. u., 77 re. o., 81, 101 re., 102 o. re., 114 li. u., 118, 146 li.
Wachsmuth, Karin Seite 116.
Waechter, Dorothée Seite 11, 94 re.

Umschlagfoto: age/mauritius images
Die Zeichnungen fertigte Frau Maryse Forget nach Vorlagen der Verfasserin an.

Impressum

Bibliografische Information der Deutschen Bibliothek

Die Deutsche Bibliothek verzeichnet diese Publikation in der Deutschen Nationalbibliografie; detaillierte bibliografische Daten sind im Internet über http://dnb.ddb.de abrufbar.

ISBN 10: 3-8001-4839-0
ISBN 13: 978-3-8001-4839-4

Wollgrasweg 41, 70599 Stuttgart (Hohenheim)
Internet: www.ulmer.de

Lektorat: Karin Wachsmuth
Innenlayout und Satz: Atelier Reichert Stuttgart
Umschlaggestaltung: Michaela Mayländer, Stuttgart
Reproduktion: Atelier am Schlossberg, Stuttgart
Druck und Bindung: aprinta, Wemding
Printed in Germany

Faszination Wassergarten.

Der Wassergarten.
K. Wachter, H. Bollerhey, T. Germann.
8., überarb. Aufl. 2005. 281 S., 190 Farbf.,
34 Zeichn., 23 Tab., geb. mit SU.
ISBN 3-8001-3235-4.

Taschenatlas Wasserpflanzen.
M. Haberer. 2005. Ca. 128 S., 212 Farbf.,
kartoniert. ISBN 3-8001-4898-6.

Änderungen und Irrtümer vorbehalten.

Ganz nah dran. Ulmer